中青年经济与管理学者文库

上市公司委托理财影响因素及其经济后果研究

夏圣洁 著

中国财经出版传媒集团
中国财政经济出版社
北京

图书在版编目（CIP）数据
上市公司委托理财影响因素及其经济后果研究 / 夏圣洁著. -- 北京 : 中国财政经济出版社, 2024. 12. (中青年经济与管理学者文库). -- ISBN 978-7-5223-3504-9
Ⅰ. F279.246
中国国家版本馆CIP数据核字第2024MX1125号

责任编辑：温彦君　　　　责任校对：张　凡
封面设计：智点创意　　　　责任印制：史大鹏

上市公司委托理财影响因素及其经济后果研究
SHANGSHI GONGSI WEITUO LICAI YINGXIANG YINSU
JIQI JINGJI HOUGUO YANJIU

中国财政经济出版社 出版
URL：http：//www. cfeph. cn
E－mail：cfeph@ cfeph. cn

社址：北京市海淀区阜成路甲 28 号　邮政编码：100142
营销中心电话：010－88191522
天猫网店：中国财政经济出版社旗舰店
网址：https：//zgczjjcbs. tmall. com
中煤（北京）印务有限公司印刷　各地新华书店经销
成品尺寸：147mm×210mm　32 开　6. 25 印张　142 000 字
2024 年 12 月第 1 版　2024 年 12 月北京第 1 次印刷
定价：30. 00 元
ISBN 978－7－5223－3504－9
（图书出现印装问题，本社负责调换，电话：010－88190548）
本社质量投诉电话：010－88190744
打击盗版举报热线：010－88191661　QQ：2242791300

策划人语

题记：一个人的精神成长史，取决于他的阅读史。只有阅读能最有效地培养精神生活习惯，而好的习惯又培养性格，性格决定人生。

——我们自豪，因为我们就是创造这精神产品的人。

选择了飞翔，总能看到蓝天；选择了远航，总能感受大海。人生不仅要作出选择，也要坚持住自己的选择。学会计、当编辑是我的意外选择。人说编辑是为人作嫁，可是这一选择我坚持了30年，苦在其中，乐在其中，也算是有声有色。每当我把一本本好书呈献给人们的时候，我觉得我是“富贵”的人：富，不是你身上的钱财，而是你心里的满足；贵，不是你地位的显赫，而是你被人需要的程度。

书海探寻，情怀永恒

我要说，做编辑我幸运，因为我不仅是第一个读者，可以对作品“品头论足”，也可以对作品“生杀予夺”；更重要的是，这是一个有很高层次的平台，在多年与名家的交往和名著的“对话”中，深深地为他们的人格和才学所感动，被作品的精彩所吸引，这不仅使我“下笔如有神”，更使我的思想和灵魂也受到一次次洗礼和震撼，得到一次次升华。对于我的作者我的书，如数家珍，作者中不乏才学和为人同样过人的多位泰斗和“颜值高责任大”的众多才子佳人；策划的作品不仅立足专业还兼顾人文，也是情怀所在，专业加人文路才会更宽更远。

多年的体会是，作为一名编辑，起码要“三心二意”，即“责任心、细心、耐心”和“服务意识、创新意识”。要多策划一些拳头产品，用一个选题推动一个系统工程，用一个系统工程培养一个出版社品牌。给新入职编辑讲座时我做过一个比喻：编辑两项基本功，审稿——甚至要比博导审批学生论文还要全面、细致；选题策划——要像电影导演一样做“星探”，善于发现优秀作者和挖掘好的原创作品。记不清30年来我策划和编辑了多少书，组织和策划了大批教材、业务培训用书、通俗读物、理论专著等，有的获得过国家、省部级各类奖项，有的以其填补空白、社会热点、风格新颖、开拓尝试等特点受到读者的欢迎。正是：

一入书门情似海，
探寻经典职责在。
苦辣酸甜何其乐，
编辑人生也精彩。

想是问题，做是答案

众所周知，目前的图书出版业在行业竞争和纸质图书受到严重冲击的情况下，出版人无不感到莫大的危机。在这种背景下，我们还要积极应对，完善纸质图书的固有特质，拓宽纸媒的功能，挖掘出版内容和形式都精彩的原创作品，适应新形势下读者的更高需求。2017年至今，在新的时代环境下不断出新，我又策划了多套系列丛书和单本图书，不乏名家著作、教材、学术专著和实务丛书等，继续为扶持学术研究和总结实践最新成果，在高端研究与专业知识普及和应用之间搭建一座座有益的桥梁。

每一个时代的经济环境不同，理论研究和实务探索所需要解决的问题也有所差别。当前我国处于新的历史时期，市场环境和组织模式不断演变发展、推陈出新，经济、管理、财税等领域的新理论、新思想、新方法、新工具也层出不穷。乱花渐欲迷人眼，击水三千浪几何？这些领域的研究人员被时代赋予了更艰巨的责任，也面临着更高、更多元的要求，我们不仅要具备更广阔的学术视野，而且要有更严谨的学术思维。

输在犹豫，赢在行动

《中青年经济与管理学者文库》的作者，都是我国经济与管理领域的中坚力量，也是未来的大家。他们中有些人潜心从事理论研究，有些人则深耕在实务一线，但无论现实身份如何，视野全都没有被拘泥在“象牙塔”内。他们从不同视角对市场经济的不同要素进行细致审视，然后汇聚于“财经版”这面旗帜之下，相互碰撞，彼此激荡，力求在市场经济转型升级的关键时期留下最新鲜的“中国印记”。

这些经济与管理领域的中青年学者，就是我国市场经济发展的潜力与优势，他们的研究成果，不仅将引领市场经济的各个组成环节向更科学、更先进的方向发展，而且将成为我国政府和企业在未来经济世界扮演更重要角色的支点与动力。祝愿这些中青年学者能攀上更高的学术之山，走向更远的研究之路，也期待宏观、中观、微观各个层面的市场参与者都能从这套文库中得到切实的启发与指引，在全面深化改革、增强发展活力的关键时期，发挥正能量和积极作用，为经济社会发展增添新的动力！——这也是我策划此套丛书的初衷。

作始也简，毕也必巨

2021 年，是一个非凡之年，纵观世界风云，抗击疫情“风景这边独好”，“十四五”规划开局，我们喜迎建党百年。“其作始也简，其将毕也必巨。”从“开天辟地”“改天换地”到“翻天覆地”“惊天动地”，我们党经历了四个历史时期——救国大业、兴国大业、富国大业、强国大业，四件大事铸就了中国共产党百年辉煌。我们不禁感叹——风雨百年创辉煌，“天地”之间“有杆秤”。

2021 年，还是一个纪念之年，出版社成立 65 周年和我从事编辑工作 30 周年。65 年来，财经出版社始终坚持正确的舆论导向和鲜明的出版特色，努力为经济建设和财政工作服务，致力于为读者奉献经典作品，在中国财经出版传媒集团旗下发挥着更大的作用，取得更大的成就。作为一个有着 20 多年党龄的党员，我是生在新中国长在红旗下的幸运的一代，怀着对党无限的热爱和感恩，浓情做事、淡泊做人，用 30 年的情怀和坚守见证了出版业的转型，践行了编辑的天职，向党递交一份努力的答卷。

2017 年策划出版《中青年经济与管理学者文库》至今已五年，得到了众多中青年学者的热烈响应与大力支持，文库诞生至今已囊括专著 60 余种，为中青年学者们提供了展示学术研究成果的平台，作者队伍不断壮大，作品陆续出版。如果您认可，如果您有意愿，欢迎您和您的朋友加盟我们的作者队伍！在中国财经出版传媒集团的“旗舰”下，中国财政经济出版社这“老字号”，一定励精图治，谱写新的篇章。敬请关注“龙媒玉制新书坊”微信公众号，我们用“龙的精神，玉的品质”来助力您实现梦想！

策划人：樊清玉
邮箱：qingyuf@ sina. com
2021 年 12 月 31 日

前言

中国的股票市场诞生于1990年，在投资产品和投资者数量迅速增加的同时，上市公司一直在开拓新的经营领域，委托理财就是其中之一。随着资本市场的发展，“理财”之风开始盛行，委托理财作为上市公司的一种“理财”行为，越来越被市场关注。为了获得优异的财务回报，上市公司聘请金融机构（例如，证券公司）作为代理人，代表委托方利用自身特定的专业知识（Sharma，1997），根据合同管理受托方的货币资产，然后将这些资产投资于股票市场。委托理财实际上是上市公司将资金委托他人管理的一种形式，受托方主要包括具备受托资格的证券公司、银行、基金公司、信托公司和资产管理公司等，其通过存款、投资证券等多种方式经营资金。

结合本书的研究，我们将上市公司委托理财的概念总结为上市公司以营利为目的，将自有或者募集的货币资金委托给其他金融机构，这些金融机构包括银行、证券公司、资产管理公司、信托公司等，从中获取利息收益的行为。

上市公司委托理财在20世纪90年代已经出现，有关委托理财制度的发展可以分为以下三个阶段：在早期发展阶段，上市公司的委托理财行为受到一定的限制，2001 年中国证监会明确指出，上市公司的大量闲置资金如果存放缺乏安全和有效的控制或者有大量委托理财行为，则不予核准其发行申请。同年要求公司如实披露在报告期内是否存在委托理财事项，从此委托理财正式引起了市场的关注。在平稳发展阶段，进一步强调了委托理财信息的披露，以及在上市公司中有关董事会的相关职权。在全面发展阶段，证监会进一步规定了委托理财的信息披露、资金来源和委托方资金管理。特别是 2013 年发布的上市公司监管指引第 2 号中指出，暂时闲置的募集资金可进行现金管理，其投资的产品须符合安全性高和流动性好的条件，此后，委托理财如雨后春笋，越来越多的上市公司开始委托理财。截至 2018 年 12 月 31 日，在中国上交所和深交所上市的 A 股 3072 家公司中，共计有 2036 家上市公司购买委托理财产品，约占 66%。

如此大规模的理财造成了上市公司资金充足、运营良好的假象，但实则不然。上市公司购买委托理财产品令其面临法律风险、信用风险、财务风险和经营风险（王黎华和干胜道，2004）。从法律风险和信用风险来讲，上市公司通常缺乏自我管理其投资的专业知识，使得他们在委托理财的过程中依赖机构的金融敏锐度来执行合同。由于上市公司和受雇金融机构之间存在合同关系，因此合同执行中往往面临着法律纠纷，委托理财的法律案件频发。此外，上市公司购买委托理财产品使其面临的财务和经营风险更为普遍。中国证监会明确表示，上市公司可对暂时闲置的资金进行现金管理。在本书手工收集的所有委托理财公告中，上市公司都明确地披露，用于委托理财的资金是闲置的。但是，对于特定公司而言，关于什么是闲置资金以及它们是否真的闲置，往往令人质疑。一部分上市公司可能拥有足够的资金来确保其主营业务，同时委托相关金融机构购买委托理财产品，利用闲置资金从股市中获得回报。但也存在一部分公司有可能无法从其主营业务中获得更好的利润，而是试图从委托理财中获得收益以增加整体利润。在后一种情况下，上市公司的委托理财行为会严重影响其主营业务的发展，将不利于公司的长期发展。另外，最严重和直接的风险是市场风险。由于市场的波动和不确定性，无法准确预测和确定委托理财产品的回报。在投资失败的情况下，上市公司不仅不能获得投资回报，而且不能收回本金。

在学术界中，现有文献主要从委托理财的概念和内涵、动因及政策背景等角度进行分析，并认为获取投资收益、提升公司业绩是上市公司委托理财行为的最基本动因。但是，现有研究较少从实证研究方面进行讨论，更多地是通过描述性统计等方法进行分析，且研究的时间较早，在关于上市公司委托理财的影响因素方面没有一致结论，影响因素方面也有待细化。确定上市公司委托理财的决定因素，不仅有助于了解公司是否具有良好的公司内部监督、财务状况以及足够的现金来保护所有股东免受潜在风险的影响，而且有助于理解上市公司委托理财的行为动机。

在经济后果方面，现有文献大多用规范的方法从外部投资者、市场等角度论证委托理财的经济后果。已有文献鲜有用实际的数据证明委托理财对公司业绩的影响，特别是采用实证方法研究上市公司委托理财行为的经济后果，目前关于委托理财的影响后果文献寥寥无几。尽管上市公司委托理财在中国已经发展了三十多年，巨额委托理财对上市公司和股市尚未明确的影响吸引了各方利益者的极大关注。但是，现有研究无法为其提供有效的理论依据。因此，深入地探讨和分析上市公司委托理财对短期和长期业绩的影响迫在眉睫。

本书基于中国上市公司委托理财的发展经历和现状，在结合已有的学术研究基础上，对上市公司购买委托理财产品进行深入的讨论和研究。具体提出以下问题：（1）上市公司购买委托理财产品的影响因素有哪些？（2）在短期时间内，市场对上市公司购买委托理财产品这一行为会有怎样的反应？（3）上市公司购买委托理财产品对公司业绩有怎样的影响？（4）上市公司委托理财对公司业绩影响的原因是什么？

为了回答上述四个问题，本书通过定性分析和定量分析相结合、理论研究和实证研究相结合的方法，进行深入分析，得出如下结论：

对于第一个问题，本书研究了上市公司购买委托理财产品的影响因素，研究发现，在公司内部结构环境方面，当上市公司为非国有企业、董事会规模较低、独立董事比例较低、管理层持股比例较低、存在两职合一的情况时，上市公司购买委托理财产品的可能性越大。在公司特征方面，当上市公司的股权融资获得的金额越多、现金流越多、资本支出越少时，上市公司购买委托理财产品的可能性越高。

对于第二个问题，本书研究了中国市场对上市公司委托理财公告的反应情况。结果发现，在[0，+1]、[-1，+1]、[-3，+3]、[-5，+5]的均值全部为正，且显著异于0。表明中国市场的投资者能够通过上市公司委托理财行为公告获得正的超额累计收益。另外，在进一步研究中发现，上市公司购买委托理财公告的市场反应受到委托理财金额和资金来源的影响。

对于第三个问题，本书研究了上市公司委托理财与公司业绩的关系。研究发现，上市公司购买委托理财产品可以提高短期内公司的经营业绩，但这种作用在未来的公司业绩中并不显著，在PSM+DID的内生性检验中得到了一致结论。进一步研究发现，当上市公司有海外背景的高管和董事或处于高科技行业时，上市公司的委托理财为企业带来的短期收益较低。

对于第四个问题，本书研究了影响上市公司委托理财与公司长期业绩关系的原因。首先，从公司的经营运行方面研究发现，上市公司购买委托理财产品会降低公司创新水平。进一步研究发现，当上市公司的现金流持有金额越多、独立董事比例较低时，上市公司购买委托理财产品行为对公司创新的降低作用更加显著。其次，本书从盈余质量方面实证分析了委托理财与盈余持续性的关系。研究发现，上市公司购买委托理财产品无法提高未来三年内的盈余持续性。通过固定效应模型研究发现，上市公司购买委托理财产品显著降低了未来一年内的盈余持续性，这一影响可以持续到未来第2期和第3期（但不显著）。

本书立足于中国资本市场发展的现状，以上市公司委托理财为研究对象，探讨了委托理财的影响因素及其有关的经济后果。本书的贡献主要体现在以下五个方面：

第一，本书拓展了上市公司委托理财行为对公司业绩影响的有关研究。中国上市公司委托理财行为对上市公司的实际影响在实务界和学术界均饱受争议，但仍未有文献通过实证的研究方法对上市公司购买委托理财产品与公司业绩的关系进行讨论。本书结合现有文献研究和理论发展，研究了委托理财行为对公司短期和长期经营业绩的影响，填补了实证研究上市公司委托理财对公司经营业绩具体影响的空白，为投资者、上市公司和监管者进行决策提供了一定的依据。

第二，本书探讨了上市公司购买委托理财产品对公司长期业绩的影响，拓展了有关公司创新和盈余持续性影响因素的研究。本书从企业的经营和盈余质量两个方面，深入研究了委托理财与公司创新和盈余持续性的关系。本书将委托理财视为财务性投资方式，研究了其对公司创新和盈余持续性的影响，发现委托理财行为会降低公司创新，并无法提高盈余持续性，且在固定模型下会降低盈余持续性。这一研究结论拓展了有关上市公司创新和盈余持续性影响因素的文献，并为上市公司的委托理财活动如何影响企业的长期绩效提供了理论途径和依据。

第三，本书拓展了上市公司购买委托理财产品在短期内对市场影响的相关研究。基于市场有效性的理论，在假设市场是有效的基础上，市场事件的发生均反映在价格上。本书通过计算上市公司委托理财公告的超额累计收益发现，上市公司委托理财在窗口期内的超额累计收益均显著为正。进一步研究发现，上市公司委托理财公告的市场反应受到其委托理财金额和资金来源的影响。这一结论拓展了上市公司购买委托理财产品在短期内对市场影响的相关研究，为投资者决策和监管者出台有关政策提供了一定的依据。

第四，本书丰富了现有关于公司业绩影响因素的研究。公司业绩是衡量上市公司经营状况的重要指标，现有研究从多方面研究了公司业绩的影响因素（Anderson and Reeb，2003；Dechow et al.，2008；Doyle et al.，2007；Maury，2006；et al.）。本书从上市公司委托理财的行为出发，研究了委托理财对公司经营业绩的影响，并发现委托理财可以提高短期内公司的经营业绩，但这种作用无法持续。这一结论丰富了现有关于公司业绩影响因素的研究，为公司更好地进行投资决策提供了借鉴。

第五，本书丰富了中国上市公司购买委托理财产品影响因素的研究。尽管截止到研究日，已经有超半数的中国A股上市公司购买委托理财产品，但是之前的文献少有对委托理财的影响因素进行系统的分析，且未得到一致的结论。本书在系统地研究委托理财影响因素的基础上，拓展了影响委托理财金额的因素，并进一步研究了对经营业绩的影响以及可能的渠道。

夏圣洁

2024年10月

目录

第1章 导 论

1.1 研究背景

随着中国资本市场的发展，上市公司一直在开拓新的经营领域，委托理财作为上市公司的一种“理财”行为，越来越被市场关注。为了获得优异的财务回报，上市公司聘请金融机构（例如，证券公司）作为代理人，代表委托方利用自身特定的专业知识（Sharma，1997），根据合同管理受托方的货币资产，然后将这些资产投资于股票市场。委托理财实际上是上市公司将资金委托他人管理的一种形式，受托方主要包括具备受托资格的证券公司、银行、基金公司、信托公司和资产管理公司等，其通过存款、投资证券等多种方式经营资金。

已有的文献中，许多学者对上市公司的委托理财行为进行了界定，但对委托理财的委托方、受托方、委托客体、运作方式以及委托目的有不同的阐述和解释。例如，陈湘永和丁楹（2002）认为，上市公司委托理财是根据某一协议具体执行获得投资报酬的行为方式，其中，上市公司是委托方。结合本书的研究，将上市公司委托理财的概念总结为上市公司以营利为目的，将自有或者募集的货币资金委托给其他金融机构，这些金融机构包括银行、证券公司、资产管理公司、信托公司等，从中获取利息收益的行为。

委托理财在20世纪90年代已经出现，有关上市公司的制度发展可分为以下三个阶段。

在早期发展阶段，上市公司的委托理财行为受到一定的限制。2001年执行的《上市公司新股发行管理办法》明确指出，上市公司的大量闲置资金如果存放缺乏安全和有效的控制或者有大量委托理财行为，则中国证监会不予核准其发行申请。同年，证监会发布了《关于上市公司2001年中期报告披露工作有关问题的通知》，要求公司如实披露在报告期内是否存在委托理财事项，对于委托理财协议的具体内容、委托理财的收益情况，公司董事会应作为重大事项披露，从此委托理财正式引起了市场的关注。

在平稳发展阶段，进一步强调了委托理财的信息披露和董事会的相关职权。2004年的《深圳证券交易所关于做好上市公司2004年半年度报告工作的通知》中指出，上市公司应该披露所有的委托理财信息，并在披露内容方面增加了每笔委托理财的执行情况以及受托方报酬的确定方式。同时，在委托理财决策的职权和审批上作出了相关规定。根据证监会发布的2006年《上市公司章程指引》，针对董事会职权，将上市公司的委托理财投资明确纳入董事会的职权范围，另外，还详细规定了董事会应对委托理财建立严格的审查和决策程序。此外，从保荐制度方面也有所体现。2006年开始执行的《保荐人尽职调查工作准则》中要求，保荐人应取得重大委托理财的相关合同及发行人内部的批准文件，并对委托理财是否存在违法违规行为进行分析。在2009年修订的《证券发行上市保荐业务管理办法》中增加了“关于发行人临时报告委托理财行为，保荐人应对此分析并在中国证监会指定网站发表独立意见”的规定。这一要求在2013年修改的《证券发行上市保荐业务管理办法》中仍然保留。

在全面发展阶段，在委托理财的披露、资金来源、委托方资金管理等方面有更为详细的规定。首先，关于委托理财的披露，2012年修订的《公开发行证券的公司信息披露内容与格式准则第2号——年度报告的内容与格式》，正式以准则的方式要求上市公司在董事会报告中披露委托理财的情况。在2015年的修改内容中进一步强调了委托理财的报酬确定方式，以及当年度实际收益或损失和实际收回情况，要求上市公司对其委托理财行为进行跟踪披露，另外，还进一步要求披露未来的理财计划，为利益相关者进行决策提供依据。2017年又将这一准则进一步修改，强调了对于单项金额重大、或安全性较低、流动性较差、不保本的委托理财的细节的信息披露。其次，在委托方的资金来源方面，从2013年起，证监会在上市公司监管指引第2号中指出，暂时闲置的募集资金可进行现金管理，其投资的产品须符合安全性高和流动性好的条件，并经上市公司董事会审议通过，独立董事、监事会、保荐机构发表明确同意意见。这一规定是在2006年“禁止除金融类企业以外的上市公司将募集资金使用于委托理财等财务性投资”基础上的新规定，上市公司利用募集资金进行投资找到了政策依据，委托理财如雨后春笋，越来越多的上市公司开始购买委托理财产品。在受托方管理方面，2012年实行的《商业银行理财产品销售管理办法》首次将机构客户纳入到商业银行开展理财业务对象的范围中，要求商业银行开展的理财业务需要对其风险进行评级，并对客户风险的承受能力进行评估，在销售过程中针对理财产品的销售管理、人员管理、内控制度等进行了详细规定，明确了监督管理和法律责任，这一规定为以银行为主的受托机构销售理财产品提供了法律依据。结合制度发展，上市公司的委托理财发展趋势如图1－1所示（具体结构分布详见附录）。

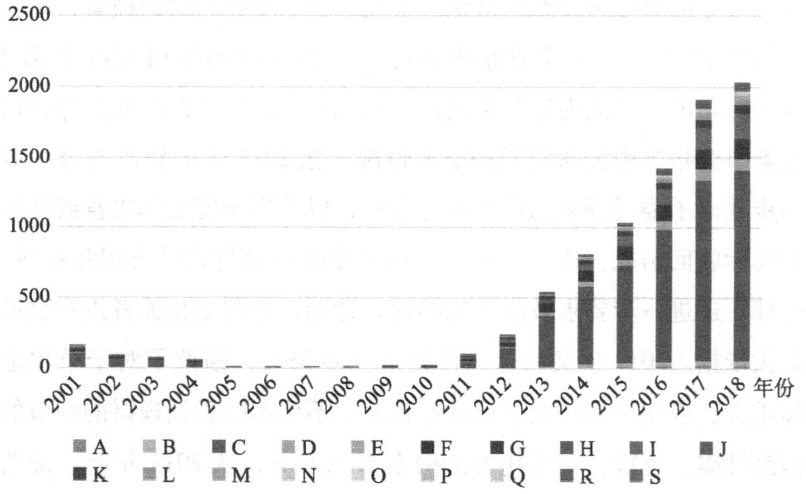

图1－1　上市公司委托理财增长趋势图①

上市公司的委托理财业务在上市公司和金融机构之间搭建了桥梁，且潜在地影响着整个资本市场的发展，因此上市公司开展委托

① 本图数据来源于手工搜集和国泰安数据库（CSMAR）。其中，左纵坐标轴为当期购买委托理财上市公司的数量，横坐标为年份。本图反映了不同行业购买委托理财情况的占比，行业根据2012年证监会发布的《上市公司行业分类指引》进行分类。具体行业为：A（农、林、牧、渔业）；B（采矿业）；C（制造业）；D（电力、热力、燃气及水生产和供应业）；E（建筑业）；F（批发和零售业）；G（交通运输、仓储和邮政业）；H（住宿和餐饮业）；I（信息传输、软件和信息技术服务业）；J（金融业）；K（房地产业）；L（租赁和商务服务业）；M（科学研究和技术服务业）；N（水利、环境和公共设施管理业）；O（居民服务、修理和其他服务业）；P（教育）；Q（卫生和社会工作）；R（文化、体育和娱乐业）；S（综合）。

理财业务的动因及其可能带来的经济后果受到了理论界和实务界的关注，成为热门话题。截至2018年12月31日，在中国上交所和深交所上市的A股3072家公司中，共计有2036家上市公司购买委托理财产品，约占66%，其中，购买委托理财产品的公司平均投入约4亿元购买委托理财，最高达200亿元，不乏约2.8%的公司规模达到10亿元以上①。

如此大规模的理财造成了上市公司资金充足、运营良好的假象，但实则不然。上市公司购买委托理财产品令其面临法律风险、信用风险、财务风险和经营风险（王黎华和干胜道，2004）。

首先，从法律风险和信用风险来讲，上市公司通常缺乏自我管理其投资的专业知识，使他们在委托理财的过程中依赖机构的金融敏锐度来执行合同。由于上市公司和受雇金融机构之间存在合同关系，因此合同执行中往往面临着法律纠纷，委托理财的法律案件频发且金额巨大。例如，2017年美的集团的10亿元诈骗案件等。

其次，上市公司购买委托理财产品使其面临的财务风险和经营风险更为普遍。中国证监会明确表示，上市公司可对暂时闲置的资金进行现金管理。在本书手工收集的所有委托理财公告中，上市公司都明确地披露，用于委托理财的资金是闲置的。但是，对于特定公司而言，关于什么是闲置资金以及它们是否真的闲置，往往令人质疑。一部分上市公司可能拥有足够的资金来确保其主营业务，同

① 上市公司委托理财金额数据来自国泰安数据库（CSMAR）。其中，一年内平均的投资金额通过投资期间加权的方式计算，即可得到整年用于投资理财的金额。具体公式为：$Year\_Amount = \sum_{i=1}^{k}[Amount_i/Day_i \times 360]$。其中，$Year\_Amount$ 表示某公司在当年平均的委托理财金额，k 表示该公司当年共购买了 k 笔理财产品，$Amount_i$ 表示第 i 笔理财业务的金额，Day_i 表示其第 i 笔业务的投资时长，以天为单位。

时委托相关金融机构购买委托理财产品，利用闲置资金从股市中获得回报。但也存在一部分公司有可能无法从其主营业务中获得更好的利润，而是试图从委托理财中获得收益以增加整体利润。在后一种情况下，上市公司的委托理财行为会严重影响其主营业务的发展，将不利于公司的长期发展。例如，大杨创世（600233）曾经作为传统服装公司，在 2014 年和 2015 年用自有资金均购入约 27 亿元委托理财产品，年底余额均约 4 亿元，但两年的利润仅各有 7 亿元，2016 年又购入 556.9 亿元理财，并于 9 月被圆通速递借壳而后退市，新公司在年末三个月购入 38.4 亿元理财产品。根据上市公司的统计数据，近几年服装公司利润率约 7%，相比理财产品 4% 左右的收益率，吸引力并不足，且临近退市大批购入理财产品，引起了市场的广泛争议。2012 年证监会在《上市公司监管指引第 2 号——上市公司募集资金管理和使用的监管要求》中指出，上市公司暂时闲置的募集资金可进行现金管理，其投资的产品须符合安全性高和流动性好的条件，并经上市公司董事会审议通过，2012—2016 年，委托理财的 A 股上市公司平均每年以 55.72% 的速度增长①。

另外，最严重和最直接的风险是市场风险。由于市场的波动和不确定性，无法准确预测委托理财产品的回报。因此，无论是牛市还是熊市，其均面临着市场风险。一般而言，在牛市中，委托理财可以为上市公司带来更好的回报，而在熊市中，上市公司则可能遭受巨大损失。自 1993 年上市公司开始委托理财后，委托理财的兴衰主要归功于中国股市的表现，即牛市或熊市。尽管金融机构具有

① 数据由作者根据相关资料手工搜集和整理。

专业知识，但它们也可能投资失败。在投资失败的情况下，上市公司不仅不能获得投资回报，而且本金也不能收回。

上市公司的委托理财作为一种需董事会审议通过的重大项目，从公司内部结构、代理理论和公司决策行为与后果等多个角度都有其特殊的研究价值。在学术界，现有文献主要从委托理财的概念和内涵、动因及政策背景等角度进行分析，并认为获取投资收益、提升公司业绩是上市公司购买委托理财产品的最基本动因。例如，当上市公司的自由现金量越大且第一大股东持股比例越高时，上市公司越可能发生委托理财（陈湘永和丁楹，2002；侯毅，2004；等）。很多学者将其原因归结为公司治理结构水平缺陷（徐永新，2009；巴曙松，2001）、获取收益和谋取利益（陈湘永和丁楹，2002）、经营状况改善和资金充足（陈湘永和丁楹，2002）等。从委托理财的影响因素方面来讲，现有研究较少从实证研究方面进行讨论，更多地是通过描述性统计等方法进行分析，且研究的时间较早，在关于上市公司委托理财的影响因素方面没有一致结论，且影响因素方面也有待细化。确定上市公司委托理财的决定因素，不仅有助于了解公司是否具有良好的公司内部监督、财务状况以及足够的现金来保护所有股东免受潜在风险的影响，而且有助于理解上市公司委托理财的行为动机。

在经济后果方面，现有文献大多用规范的方法从外部投资者、市场等角度论证委托理财的经济后果。例如，巴曙松（2001）认为，委托理财必然会加剧中国股市的恶庄现象，将会给市场带来违规的隐患。但是，上市公司作为以营利为目的的组织，其经营业绩是其在市场竞争中的立身之本。在现有研究委托理财对公司业绩影响的文献中，更多地是从理论层面分析或从公司现有的特征角度研究上市公司委托理财行为。例如，陈湘永和丁楹（2002）认为，上市公司将巨额资金用于委托理财，必然会影响主业的发展，这种短期的赚钱效应可能会引起依赖，使上市公司真正的主业发展缓慢，不利于长远发展。已有文献鲜有用实际数据证明委托理财对公司业绩的影响，特别是采用实证方法研究上市公司委托理财行为的经济后果，目前关于委托理财的影响后果文献寥寥无几。尽管上市公司委托理财在中国已经发展了三十多年，巨额委托理财对上市公司和股市尚未明确的影响吸引了各方利益者的极大关注，自2001年中国证监会出台政策管理上市公司的委托理财行为以来，已采取措施监管委托理财，但监管机构制定的措施是否应该鼓励委托理财，或如何帮助委托理财行为向良性的方面发展，现有研究无法为其提供有效的理论依据。因此，深入地探讨和分析上市公司委托理财行为对长期和短期业绩的影响迫在眉睫。

1.2 研究问题

本书基于委托理财的发展经历和现状，在结合已有的学术研究基础上，将对上市公司购买委托理财产品这一行为进行深入的讨论和研究。具体地提出以下问题：

问题一，上市公司购买委托理财产品的影响因素有哪些？随着资本市场的发展，“理财”之风开始盛行，委托理财作为上市公司的一种“理财”行为，越来越被市场关注。特别是从2013年开始，上市公司购买委托理财产品的数量激增，金额巨大。截至目前，已有近半的上市公司购买了委托理财产品。尽管委托理财会为企业带来投资收益，但同时也面临着投资风险。特别是在委托理财纠纷频发的情况下，上市公司还不惜重金购买理财，这些现象令人不禁提问：上市公司进行委托理财行为的原因是什么？现有文献从公司的内部结构和财务特征方面研究了委托理财的影响因素，但结论并不一致。且随着中国资本市场的发展，上市公司委托理财表现出新的趋势和状态，因此本书将梳理并分析潜在影响委托理财的因素。

问题二，在短期时间内，市场对上市公司购买委托理财这一行为会有怎样的反应？自2001年开始，证监会要求上市公司对委托理财行为进行公告和披露。当公司发布委托理财公告时，上市公司通过股价的波动，反映到对应上市公司的股票价格上，形成了市场对上市公司购买委托理财行为的“看法”。但是中国的投资者具有投机、投资期限短的特点，在这一背景下，市场投资者如何看待上市公司购买委托理财产品成为另一个问题。因此本书将通过收集上市公司委托理财公告、计算超额累计报酬率的方法，研究上市公司购买委托理财产品短期内的市场反应，并提出进一步问题：上市公司购买委托理财产品短期内的市场反应受到什么因素的影响？表现出怎样的差异？

问题三，上市公司购买委托理财产品对公司业绩有怎样的影响？随着中国市场委托理财的发展，已有超半数的上市公司购买了委托理财产品，并且购买的金额越来越高。上市公司购买委托理财产品作为公司进行投资的一种方式，将影响公司的经营表现，从财务的角度，最为直观地表现在公司业绩方面。现有学术研究提出了上市公司购买委托理财产品将导致哄抬股价市场坐庄、管理层勾结操纵（巴曙松，2001），面临本金无法赎回、影响主业的发展等问题（陈湘永和丁楹，2002）。但是并未实证研究上市公司购买委托理财产品对公司业绩有怎样的影响这一问题。因此本书将研究上市公司购买委托理财产品对公司业绩的影响，主要从短期的经营业绩和长期的经营业绩两个角度去讨论，并进一步提出：在不同情境下，上市公司购买委托理财产品对公司业绩有什么影响？

问题四，上市公司委托理财对公司业绩影响的原因是什么？通过问题三的研究，本书发现上市公司购买委托理财产品仅可以提高短期内的公司业绩，并不能提高长期的公司业绩。因此本书继续对上市公司委托理财无法提高长期经营业绩的原因进行深入的讨论和分析。具体地提出以下两个问题：上市公司购买委托理财产品对公司主营业务有怎样的影响？上市公司购买委托理财产品在盈余质量上有什么作用？本书将分别研究上市公司购买委托理财产品对公司创新和盈余持续性的影响，以解答该问题。

1.3 研究结论

基于以上的研究问题，本书在查阅大量文献、搜集大量数据的基础上，采用实证研究方法进行深入分析，最终本书的研究结论主要有：

对于问题一，本书研究了上市公司购买委托理财产品的影响因素，分别从公司内部结构环境和公司财务特征两个方面出发，采用2001—2018年中国沪深A股上市公司的样本，研究发现，在公司内部结构环境方面，当上市公司为非国有企业、董事会规模较低、独立董事比例较低、管理层持股比例较低、存在两职合一的情况时，上市公司购买委托理财产品的可能性越大。在公司特征方面，当上市公司的股权融资获得的金额越多、现金流越多、资本支出越少时，上市公司购买委托理财产品的可能性越高。因此，上市公司在其公司内部监督较弱、现金持有水平较高时，其购买委托理财产品的可能性越高。进一步研究中，本书研究了上市公司购买委托理财产品金额大小的影响因素，采用 2001—2018 年中国沪深 A 股中购买委托理财产品上市公司的样本，研究发现，在公司内部监督方面，当上市公司为非国有企业、管理层持股比例较低时，上市公司购买委托理财的金额越高，但不同的衡量方式得到的结果有些许差别。在公司特征方面，当上市公司的经营业绩越好、股权融资越多、债权融资越低、资本支出越少时，上市公司购买委托理财产品的金额越高，另外，委托理财产品的收益情况明显影响上市公司购买委托理财产品的金额，当委托理财产品的预期收益率越高时，上市公司购买委托理财产品的金额越多。结合有关委托理财决策的影响因素结果，上市公司投资委托理财产品金额的大小更多受到上市公司自身现金持有水平情况的影响。总体来讲，公司的内部结构环境影响委托理财投资的行为决策较多，而现金持有水平影响其投资金额的大小较多。

对于问题二，本书研究了中国市场对上市公司委托理财公告的反应情况。通过手工收集整理的方式，获得共计 1553 个上市公司委托理财公告，并计算其超额累计收益率。结果发现，在[0, +1]、[-1, +1]、[-3, +3]、[-5, +5]的均值全部为正，且显著异于0。表明中国市场的投资者能够通过上市公司委托理财行为公告获得正的超额累计收益。另外，在进一步研究中发现，上市公司购买委托理财产品公告的市场反应受到委托理财金额和资金来源的影响。具体表现为：上市公司委托理财公告中披露的委托理财金额越高，其超额累计报酬率越高，市场反应越剧烈。与利用自有闲置资金投资理财产品的上市公司相比，使用募集闲置资金购买理财产品的超额累计报酬率为负，且组间均值检验显著。此外，上市公司委托理财公告的市场反应不受产品来源机构类型的影响，购买银行和非银行理财产品公告的累计报酬率没有显著性差异。

对于问题三，本书研究了上市公司委托理财与公司业绩的关系。采用2001—2018年中国沪深A股上市公司的样本，研究发现，上市公司购买委托理财产品可以提高短期内公司的经营业绩，但这种作用对未来的公司业绩并不显著，即上市公司购买委托理财产品仅有助于提升短期业绩，对公司的长期业绩没有促进作用。在PSM + DID的内生性检验中得到了一致结论。在进一步中研究发现，上市公司委托理财与短期的经营业绩受高管海外背景和高科技行业的调节作用，当上市公司有海外背景的高管和董事或处于高科技行业中时，上市公司的委托理财为企业带来的短期收益较低。

对于问题四，本书研究了影响上市公司委托理财与公司长期业绩关系的原因。本书从公司的经营运行和盈余质量两个方面探讨了委托理财对公司业绩无法持续到长期的原因。首先，从公司的经营运行方面，选取2007—2018年中国沪深交易所上市的A股上市公司为初始样本，研究发现，上市公司购买委托理财产品会降低公司创新水平，即与未购买委托理财产品的上市公司相比，购买委托理财产品的公司其创新水平越低，这一结论在替代委托理财变量、固定效应、Heckman两阶段和工具变量法等一系列稳健性检验中仍保持成立。进一步研究发现，当上市公司的现金流持有金额越多、独立董事比例较低时，上市公司购买委托理财产品行为对公司创新的降低作用更加显著，这表明良好的公司内部环境有助于降低管理层自利行为引起的长期公司利益损失。其次，本书从盈余质量方面实证分析了委托理财与盈余持续性的关系。通过选取中国 2001—2018 年沪深交易所上市的 A 股公司作为初始样本，研究发现，上市公司购买委托理财产品无法提高未来三年内的盈余持续性。通过固定效应模型研究发现，上市公司购买委托理财产品显著降低了未来一年内的盈余持续性，这一影响可以持续到未来第 2 期和第 3 期（但不显著）。这一结论说明委托理财无法提高上市公司长期业绩的一个重要原因，即委托理财带来的盈余收益不利于提高上市公司的未来盈余持续性，因此购买委托理财仅能提高短期的业绩，而无法持续到未来。

1.4　研究贡献

本书立足于中国资本市场发展的现状，以上市公司委托理财为研究对象，探讨了委托理财的影响因素及其有关的经济后果，具有重要的研究创新与理论贡献。本书的理论贡献主要体现在以下五个方面：

第一，本书拓展了上市公司委托理财行为对公司业绩影响的有关研究。现有研究从委托理财的动机出发，探讨了中国上市公司购买委托理财产品可能存在的影响。例如，陈湘永和丁楹（2002）认为上市公司购买委托理财产品的原因主要是为提升公司业绩和谋求个人私利。另有学者认为委托理财行为会导致中国股市的恶庄现象以及不规范的上市公司理财投资行为，这将会给市场带来违规的隐患，还会导致哄抬股价市场坐庄、管理层勾结操纵等行为的可能（巴曙松，2001）。中国上市公司委托理财行为对上市公司实际影响在实务界和学术界均饱受争议，但仍未有文献通过实证的研究方法对上市公司购买委托理财产品与公司业绩的关系进行讨论。基于大量上市公司利用闲置资金购买委托理财产品的实际情况，本书结合现有文献研究和理论发展，研究了委托理财对公司短期和长期经营业绩的影响。研究发现，上市公司的委托理财仅提升了短期内的经营业绩，但不利于公司长期业绩的提高，在进一步分析中发现这种关系在未聘任海外背景的高管及董事和非高科技行业的公司中更为明显，本研究填补了实证研究上市公司委托理财对公司经营业绩具体影响的空白，为投资者、上市公司和监管者进行决策提供了一定的依据。

第二，本书探讨了上市公司购买委托理财产品对公司长期业绩的影响，拓展了有关公司创新和盈余持续性影响因素的研究。本书从公司经营和盈余质量两个方面，深入研究了委托理财与公司创新和盈余持续性的关系。现有文章从外部和内部环境两个方面分析了创新的影响因素（Acharya and Subramanian，2009；Amore et al.，2013；Cornaggia et al.，2015；Francis and Smith，1995；Yuan and Wen，2018；黎文靖和郑曼妮，2016；沈坤荣和孙文杰，2009；吴超鹏和唐菂，2016；张峰等，2016；等），并从日常经营活动和决策方面研究了盈余持续性的影响因素（Baginski et al.，1999；Dechow and Ge，2006；Fairfield and Yohn，2001；Lev，1983；Richardson et al.，2005；Soliman，2008；等）。本书将委托理财视为财务性投资方式，研究对公司创新和盈余持续性的影响，发现委托理财行为会降低公司创新，并无法提高盈余持续性，且在固定效应模型下会降低盈余持续性。这一研究结论拓展了有关上市公司创新和盈余持续性影响因素的文献，并为上市公司的委托理财活动如何影响企业的长期绩效提供了理论途径和依据。

第三，本书拓展了上市公司购买委托理财产品在短期内对市场影响的相关研究。基于市场有效性的理论，在假设市场是有效的基础上，市场事件的发生均反映在价格上。即市场反应主要体现为市场股票价格的波动，市场对某个事件的价格波动表达了投资者对某个公告的整体看法。当公司发布委托理财公告时，上市公司通过股价的波动，反映到对应上市公司的股票价格上，即市场对委托理财行为的整体看法。本书通过计算上市公司委托理财公告的超额累计收益发现，上市公司委托理财在窗口期内的超额累计收益均显著为正。进一步研究发现，上市公司委托理财公告的市场反应受到其委托理财金额和资金来源的影响。这一结论拓展了上市公司购买委托理财产品在短期内对市场影响的相关研究，为投资者决策和监管者出台有关政策提供了一定的依据。

第四，本书丰富了现有关于公司业绩影响因素的研究。公司业绩是衡量上市公司经营状况的重要指标，现有研究从多方面研究了公司业绩的影响因素（Anderson and Reeb，2003；Dechow et al.，2008；Doyle et al.，2007；Maury，2006；等）。本书从上市公司委托理财的行为出发，研究了委托理财对公司经营业绩的影响，发现委托理财可以提高短期内公司的经营业绩，但这种作用无法持续，进一步研究发现，当上市公司有海外背景的高管和董事或处于高科技行业时，委托理财为企业带来的短期收益较低。这一研究丰富了现有关于公司业绩影响因素的研究，为公司更好地进行投资决策提供了借鉴。

第五，本书丰富了中国上市公司购买委托理财产品影响因素的研究。尽管截止到研究日，已经有超半数的中国 A 股上市公司购买了委托理财产品，但是之前的文献少有对委托理财的影响因素进行系统的分析，且未得到一致的结论。现有研究上市公司购买委托理财产品影响因素的相关文献中，主要从公司的外部环境和内部环境两个方面进行了讨论，其中外部环境主要包括市场环境（陈湘永和丁楹，2002；李苑，2013）、市场监管（陈湘永和丁楹，2002；王黎华和干胜道，2004）、文化环境（黄新建和万会琴，2017）等方面，从公司的内部环境讲，主要分为公司的财务特征和公司治理特征。其中，公司财务特征主要包括自由现金流（陈湘永和丁楹，2002；胡志勇和舒源，2014；徐永新，2009）、资产负债率（陈湘永和丁楹，2002；胡志勇和舒源，2014）、公司成长性（陈湘永和丁楹，2002）、经营业绩（陈湘永和丁楹，2002；王展飞，2006）、股权融资水平（侯毅，2004）等；公司治理环境主要包括股权结构（胡志勇和舒源，2014；黄琼宇等，2016；林小驰等，2006）、机构投资者持股（林小驰等，2006）、董事会特征（陈湘永和丁楹，2002；徐永新，2009）、管理层特征（黄新建和万会琴，2017）、债务治理（黄琼宇等，2016）等。主要形成了收益观、自由现金流观和内外监督观，但是这些文献大多停留在2010 年之前，随着中国资本市场的快速发展，影响委托理财的原因可能产生变化，并且多为采用描述性统计的方法，难以降低其他因素的作用，因此本书在系统地研究委托理财影响因素的基础上，拓展了影响委托理财金额的因素，并进一步研究了对经营业绩的影响以及可能的渠道。

1.5 本书结构

本书的研究内容共由 8 章构成，具体的安排如下：

第 1 章为导论。第一节研究背景，具体介绍了市场上委托理财的现状，进行了简单的文献梳理回顾，并对本书中的委托理财范围和定义进行具体的界定，以方便后文的研究。第二节结合现有的背景和文献，提出本书的研究问题。第三节介绍了本书的研究方法，并总结了本书的研究结论。第四节提炼和概括了本书的研究贡献，第五节阐述了本书的研究内容和框架。

第 2 章为本书的文献综述部分。第一节介绍了委托理财有关外部和内部影响因素有关的文献，第二节整理并回顾了委托理财相关经济后果的研究情况。最后对目前的研究进行了评述。

第 3 章介绍了本书相关的制度背景与理论基础。其中，第一节介绍了上市公司进行投资决策、委托理财有关的制度背景。第二节介绍了本书应用到的理论基础，具体分析了在本书逻辑发展中的两个基础理论：委托代理理论和自由现金流理论。

第 4 章为本书的第一个实证研究内容——上市公司委托理财的影响因素。第一节为影响因素的假设发展。第二节根据假设发展进行研究设计。第三节为实证分析，具体通过构建 Probit 模型，研究委托理财有关公司内部环境和财务特征方面的影响因素。第四节中进一步分析了影响委托理财投资金额的影响因素。最后是对本章进行总结。

第 5 章研究了本书的第二个主题，即委托理财的短期市场反应。其中第一节为理论分析部分。第二节进行研究设计，包括委托理财公告的选择、数据来源、模型设计等。第三节进行实证分析，对样本进行描述并计算结果。第四节为进一步分析内容，研究委托理财金额、资金来源和委托理财机构对市场反应的影响。第五节对本章进行总结。

第6章是对上市公司委托理财行为与公司业绩关系研究的内容。第一节根据逻辑发展，提出本章的研究假设。第二节中包括样本选择、模型设计、变量定义，并进行研究设计。第三节为实证分析。第四节为内生性检验。第五节为进一步分析的内容，研究不同情况下委托理财产品的购买对上市公司业绩的影响。最后得出本章结论。

第7章进一步研究了上市公司委托理财行为对公司长期业绩影响的潜在原因。分别从公司的运营和盈余质量两个方面进行讨论，具体为公司创新和盈余持续性。第一节中进行相关文献回归和假设发展。第二节为委托理财与公司创新关系的研究内容，包括研究设计、实证分析、稳健性检验和进一步研究等内容。第三节为委托理财与盈余持续性关系的研究内容，包括研究设计、实证分析、稳健性检验和进一步研究等内容。第四节对本章进行总结和归纳。

第8章为本书的总结部分。在第一节中，对全书重要的研究发现和研究结论进行总结。第二节在全书研究发现和研究结论的基础上，获得本书的启示，以及有关的建议。第三节阐述了在具体的研究中可能存在的不足，并在此基础上进行了展望。

本书的研究框架如图1-2所示：

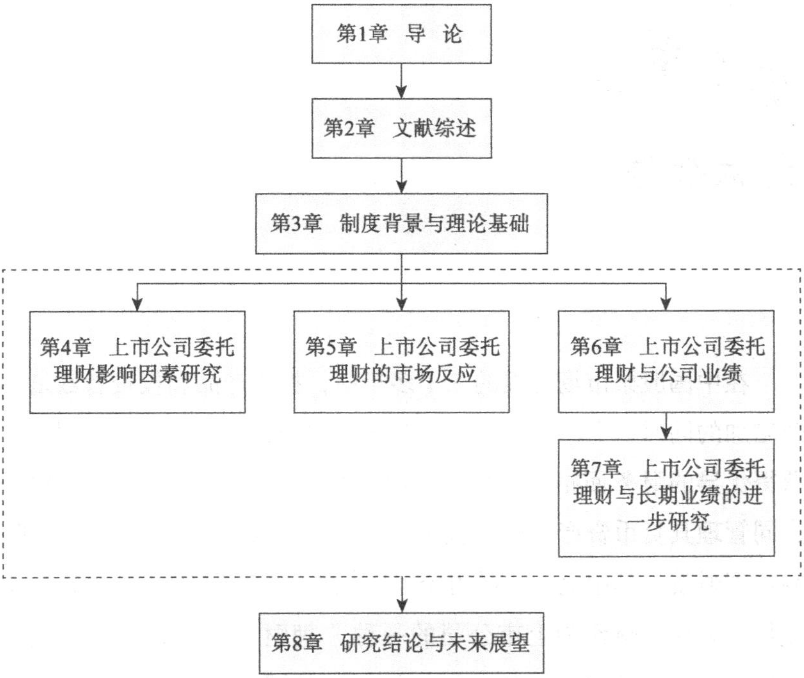
第1章 导 论
第2章 文献综述
第3章 制度背景与理论基础
第4章 上市公司委托理财影响因素研究
第5章 上市公司委托理财的市场反应
第6章 上市公司委托理财与公司业绩
第7章 上市公司委托理财与长期业绩的进一步研究
第8章 研究结论与未来展望

图1-2 本书研究框架

第 2 章 文献综述

在中国股票市场发展的三十多年中，投资产品和投资者数量迅速增加的同时，上市公司一直在开拓新的经营领域，上市公司为了获得优异的财务回报，会聘请金融机构（例如，证券公司）根据合同管理其货币资产，然后金融机构将这些资产投资于股票市场，委托理财就是其中之一。随着资本市场的发展，"理财"之风开始盛行，委托理财作为上市公司的一种"理财"行为，越来越被市场关注，并且已成为学术圈中讨论的热点话题。在学术界中，多位学者对委托理财形成的动因、影响因素以及其经济后果作了讨论和分析，考虑到现有文献相对零散、缺乏系统深入的研究，因而本章将现有关于委托理财的文献进行整理和归纳，以帮助解答后续问题。

本章将具体整理和归纳有关上市公司进行委托理财的相关文献，具体可以分为上市公司购买委托理财产品的影响因素相关文献和上市公司购买委托理财产品的经济后果相关文献。其中，委托理财的影响因素相关文献将从公司的外部环境和内部环境两个方面进行讨论，然后，基于文献整理、总结和分析，将分别从三个角度对国内外关于委托理财的文献进行评述。

2.1 委托理财影响因素相关文献

现有文献中，对上市公司进行委托理财的基本动因进行了划分，主要包括：谋求投资回报，提高公司经营业绩；参加市场“坐庄”行为，获得非法利益；管理层谋求个人私利（陈湘永和丁楹，2002）。总体来讲，上市公司进行委托理财同时可能受到外部环境和内部环境双重环境的影响。本结将结合已有文献，对上市公司是否进行委托理财的外部环境和内部环境影响因素进行整理和分析。

2.1.1 委托理财的外部影响因素

委托理财作为上市公司进行投资的一种手段，必然离不开其所处的市场环境。其中，市场的整体运行状态是较为直接的一种方式。陈湘永和丁楹（2002）认为，牛市行情为我国上市公司创造了一个极为有利的市场环境，即高涨的股市行情对上市公司开展委托理财业务起到了较大的诱发作用。另外，李苑（2013）指出，2013年6月遭遇银行“钱荒”后，上市公司巨大的委托理财需求惊人地爆发出来。

上市公司的投资行为离不开监管环境，市场制度的健全程度成为影响上市公司进行委托理财的另一因素。王黎华和干胜道（2004）认为，由于资本市场上存在信息不对称，导致交易成本以及风险的增加，企业会自觉规避这些不利因素，转而寻找专职的机构代为理财，以期达到控制风险、降低成本、保证资金保值和增值的目的。陈湘永和丁楹（2002）分析发现，监管政策的变化为上市公司委托理财提供了有利的条件。上市公司融资条件的放宽（1999 年 7 月《证券法》核准制）、上市公司买卖股票的禁令被解除（1999 年 9 月）、准许证券公司经营资产管理业务（1999 年 3 月；2001 年 6 月）等制度安排为上市公司委托理财提供了制度基础。

文化环境同样会影响投资者的判断和决策。黄新建和万会琴（2017）认为，金融文化是长期历史沉淀积累的社会文化与金融实践相互促进所产生的，一种影响并决定金融认知和金融行为的观念，具有较强的地域性。地区金融文化潜移默化地影响企业管理者的金融意识，进而作用于企业的金融决策。金融文化繁荣地区，管理者投资理财观念更强，风险管理意识更加强化，金融专业技能水平相对更高，因此地区金融文化会正向影响企业的委托理财行为。

2.1.2 委托理财的内部影响因素

委托理财的内部影响因素可以分为两个类别：公司财务特征和公司内部结构特征。其中，公司财务特征主要包括自由现金流、资产负债率、公司成长性、经营业绩、股权融资水平等；公司内部结构特征主要包括股权结构、机构投资者持股、董事会特征、管理层特征、债务治理等。

财务特征的角度，现有学者从自由现金流、资产负债率、公司成长性、经营业绩、股权融资水平等方面研究了对委托理财行为的影响。

从资源有限的角度来讲，如果将企业的资金视为企业内部资源的一种，将委托理财行为视为一种资源利用的方式，委托理财需要通过现金的方式进行投资，而资金往往有限，因此如何进行委托理财成为与其他资金投入的一种博弈行为。中国上市公司进行委托理财的内部动因主要是企业资产负债状况的改善和货币资金的增加，上市公司货币资金增多，可供管理层自由支配的现金也越多，为其进行委托理财提供了基础（陈湘永和丁楹，2002）。另外，胡志勇和舒源（2014）将委托理财视为一种财务性投资行为，其资金主要来源于自由现金流，当上市公司的自由现金流越多时，公司进行财务性投资可能性越大，但是当上市公司的自由现金流不足时，随着战略性投资收益的降低，会导致进行财务性投资的可能性降低。此外，徐永新（2009）用 Logistic 回归方法研究了 2000—2004 年上市公司委托理财的影响因素，发现自由现金流量与委托理财发生概率显著正相关。黄琼宇等（2016）通过构建函数模型，研究发现，上市公司所拥有的自由现金流与发生财务性投资行为的可能性程度正相关，其中的财务性投资行为包括了委托理财行为。

上市公司的负债情况可能影响上市公司委托理财行为的选择。中国上市公司进行委托理财的内部动因被归结为企业资产负债状况的改善和货币资金的增加，资产负债率降低，债务负担较轻，可支配资金较多，更有可能、有条件进行委托理财（陈湘永和丁楹，2002）。无独有偶，胡志勇和舒源（2014）认为，上市公司在进行财务性投资时，资产负债率越低，越可能进行财务性投资，因为此时拥有大量的现金流。但是当上市公司的自由现金流不足时，则有必要考虑战略性投资决策的选择和财务性投资周期的长短。黄琼宇等（2016）通过构建函数模型，研究发现，当上市公司的现金流情况不变时，其资产负债率与发生财务性投资行为的可能性程度呈负向相关。

上市公司较高的成长性表明其可以以较高的利润增长，持续形成源源不断的资金流入。陈湘永和丁楹（2002）指出，上市公司处于初创期或成长期时，对在主营业务上追加投资、扩大规模的积极性比较高，主营对资金的需求量较大，在这种情况下委托理财的可能性相对较小；而当上市公司处于成熟期或衰退期时，对在主营上追加投资、扩大规模的积极性较小，主营对资金的需求量较小，这种情况下公司进行委托理财的可能性较大。由此看来，上市公司的成长性仍主要通过现金流的方式影响委托理财行为。

经营业绩的好坏决定了公司的盈利能力。陈湘永和丁楹（2002）研究表明，上市公司进行理财投资的主要动因是为了谋求投资报酬，提升公司的经营业绩。在以下两种情形下公司可能会进行委托理财：一是公司现有主营业务发展及其业绩虽然不错，但是边际收益在递减，公司不愿意追加投资，也不愿意匆忙进入新的实业领域，因此将闲散或富余的资金用于投资回收期短并且回报率高的委托理财活动，期望使公司业绩得到进一步提升。二是公司主营业绩不佳，如果短期内不能获取足够的非主营收入以弥补主营业务的不足，很可能会出现业绩大幅下滑或者亏损的情况，甚至有可能因此被戴上 ST 或 PT 的帽子。在这种情况下，公司如果有资金很可能会进行委托理财。从其他方面，侯毅（2004）以自由现金流理论为基础，研究发现委托理财行为存在着粉饰公司业绩的动机，特别是在业绩较差的公司更容易发生，即更倾向于委托理财，委托理财概率与其主营业绩和整体盈利能力呈负相关。王展飞（2006）研究发现，公司主营业务获利能力越强，委托理财的规模越小。另外，上海证券交易所资本市场研究所年报专题小组（2011）以沪市上市公司2011年度的委托理财数据为基础，分析了沪市上市公司现状和存在的问题，指出部分主营业务发展低迷公司，更可能投资理财产品，其获得的投资报酬能够弥补主营业务的亏损，成为主要利润来源。

上市公司可以通过股权融资的方式获得资金支持。例如，由于1999年7月新股发行由审批制转为核准制、放款上市公司增发的口径，导致上市公司可获得的融资金额较多，因此促进了委托理财的增长（陈湘永和丁楹，2002）。从自由现金流的角度出发，侯毅（2004）认为，上市公司委托理财受其融资行为的影响，通过实行权益性融资的方式。例如，IPO、配股和增发，导致公司有较多的可支配资金，更倾向于委托理财。王展飞（2006）认为，上市公司的委托理财投资行为实质上是将募集资金变向更投的行为方式，在中国资本市场上，上市公司IPO、配股、增发等融资方式越来越宽松，上市公司通过这种方式获得资金，但改变用途用于投资理财，因此上市公司股权融资水平越高，委托理财的金额可能就越大。上海证券交易所资本市场研究所年报专题小组（2011）对2011年沪市上市公司委托理财情况进行分析指出，超募现象导致产生大量的资金闲置，上市公司将暂时闲置募集资金转移为补充流动资金，再将其转化为自有资金，最终投向理财产品。

公司内部结构缺陷是导致大量委托理财的重要原因。公司内部结构环境会影响公司管理层的随意性投资，从而影响委托理财的发生概率（徐永新，2009）。例如，巴曙松（2001）发现，上市公司一方面宣称以闲散资金大量进行委托理财，另一方面却设法向市场圈钱。这一现象产生的原因包括：（1）上市公司权力部门之间的结构存在严重缺陷；（2）缺乏必要的市场约束。其中，上市公司内部结构环境缺陷中作者主要提及：董事会的权力惊人、国有股一股独大、投资者无法影响企业决策、行政干预色彩浓厚等。现有研究表明，上市公司的股权结构、机构投资者持股比例、董事会特征、管理层特征以及债务治理均会影响上市公司购买委托理财产品的行为。

从控股股东的比例角度，现有学者所得结论不一致。一种观点认为，上市公司的控股股东持股比例越小，越难以对上市公司进行有效监督和管理，则越有可能进行委托理财这样的财务性投资（胡志勇和舒源，2014）。但是，黄琼宇等（2016）则认为，上市公司的控股股东持股比例与委托理财这样的财务性投资是倒“U”形的关系。另外，徐永新（2009）研究发现，上市公司第一大股东持股比例越高，独断专行能力越强，管理层越容易通过游说第一大股东达到在董事会上过关的目的，委托理财可能性越高。

从控股股东的产权性质角度，林小驰等（2006）研究发现，国有企业更不倾向于进行委托理财，这是由于相较于国有企业，非国有企业监管相对宽松，且更以利益为导向，更倾向于进行委托理财获取投资收益。另外，国有上市公司由于其最终控制人为国资委，公司往往是国民经济支柱产业且公司规模较大。在公司的资金投资决策、市场进入等方面都会被国资委严格监管。国资委的监管常常强于地方，导致由于监管不力而造成的内部人控制问题，为高风险的委托理财投资活动埋下种子。因此控股股东的持股比例能够显著降低上市公司委托理财的概率。但是，巴曙松（2001）认为，上市公司同时进行着两项活动，即宣称以闲散资金大量进行委托理财和设法向市场圈钱，其公司结构环境缺陷可能的原因为：上市公司的国有股股份较高导致中小股东无法影响企业决策，在政府对国有企业的行政干预下，国有企业进行委托理财投资的可能性更高。

机构投资者在市场中往往被认为是有着专业的知识和丰富的经验的投资人，通过其专业的判断和决策，能够参与到公司监督活动之中，同时，机构投资者作为专业的证券投资机构，对委托理财所隐含的市场风险应当更为了解。但林小驰等（2006）研究发现，机构投资者的持股比例并没有有效控制上市公司购买委托理财行为。

从董事会的特征角度，上市公司购买理财和设法在市场圈钱这一现象产生的原因包括上市公司内部结构的严重缺陷，此时，在上市公司内部结构缺陷中董事会的权力惊人是其中重要的原因（巴曙松，2001）。林小驰等（2006）研究分析了公司内部结构对上市公司委托理财行为的影响，使用2002年中国A股上市公司的数据，验证了独立董事的比例越高时，上市公司进行委托理财投资的概率越低。徐永新（2009）发现董事长与总经理两职合一会损害董事会的监督力度，委托理财发生的概率更高。

Hambrick和Mason（1984）的高阶理论表明，组织的战略选择、经营绩效部分是由管理者的背景特征所决定的，管理者的教育背景和工作经历等都会影响组织的经营决策，从而影响组织经营绩效。由此，黄新建和万会琴（2017）研究了银行背景高管的委托理财行为，发现与普通高管相比，银行背景的高管具有资源获取优势、信息传递优势和专业技能优势，能有效影响企业财务管理行为。拥有银行关联时，企业资金压力较小，且对银行理财产品的认知度和熟悉度能帮助企业识别收益更高更稳健的产品，更能够运用专业知识进行多次分散投资降低风险，因此，拥有银行背景的高管更可能进行委托理财，且收益更高。

关于负债比率，现有学者将其解读为债务的治理效应，上市公司通过债务融资能有效约束管理层，通过签订条款协议等限制其滥用自由现金流而引发的过度投资行为。这是由于债务人主要关心债务能否收回的问题，当上市公司作为借款人破产，会导致债权人损失惨重。利用负债的方式，可以增加外部债权人对上市公司的监管，从而激励经理人严格控制风险，以减少对公司资产侵占的自利行为（黄琼宇等，2016）。

2.2　委托理财经济后果相关文献

与委托理财的影响因素有关的文献相比，现有对委托理财经济后果的研究比较少，主要表现在投资者和市场环境、公司业绩和融资结构等方面。

从投资者和市场环境的角度来讲，巴曙松（2001）认为，委托理财必然会加剧中国股市的恶庄现象，将会给市场带来违规的隐患，还会导致哄抬股价市场坐庄、管理层勾结操纵等行为的可能。另外，上市公司把大量资金用于委托理财，改变募资投向，不受投资者的约束和盈利的压力侵害了中小股东的权益。此外，委托理财还加剧了投资者的短视行为，容易引起恶性庄家的产生。陈湘永和丁楹（2002）认为，委托理财的资金本来应该用于企业的生产发展，但是这一部分资金脱离了实体经济而陷入了从证券市场简单地再到证券市场的死循环，加大了二级市场的波动风险。

从公司业绩的角度来讲，陈湘永和丁楹（2002）认为，委托理财这一投资行为面临极大的风险，如本金无法赎回等问题，有极大的不确定性，有的上市公司尽管是以提高利润为目的进行委托理财投资行为，但是上市公司将巨额资金用于委托理财，必然会影响主业的发展，这种短期的赚钱效应可能会引起依赖，使上市公司真正的主业发展缓慢，不利于长远发展。孙健等（2016）认为，上市公司利用自有或募集资金投入金融机构的委托理财项目中，会提升公司的业绩，公司通过筛选，选择有信誉的投资机构和不同收益的理财产品，在获取报酬的同时稳定收益，从而保证上市公司的资金安全和预期收益。因此从客观上可以稳定公司业绩，并通过实证检验验证了其与盈余波动性呈负相关关系。

从融资结构的角度来讲，陈湘永和丁楹（2002）认为，委托理财打破了原有的直接融资和间接融资的合理结构，很多企业将进入资本市场进行低成本的融资，进而改变直接融资与间接融资之间按比例发展的格局。

2.3　相关文献评述

上市公司委托理财是指上市公司通过订立合同委托相关机构进行现金资产的管理，并且根据合同条款获得投资回报的行为。委托理财的本质是一种委托代理关系，属于上市公司的对外投资业务。本章整理和归纳了有关委托理财的文献，具体可以分为委托理财的影响因素相关文献和委托理财的经济后果相关文献。现有文献大多从理论层面探讨委托理财的运行机制与潜在风险，而采用实证方法进行检验的文献较少。

委托理财的影响因素相关文献从公司的外部环境和内部环境两个方面进行讨论。通过对关于委托理财的现有文献进行整理，从委托理财的形成动因和影响因素来讲，主要形成了收益观、自由现金流观和内外监督观。其中，收益观认为委托理财的最主要原因为获取投资收益，提升公司业绩，甚至为了个人利益参与“坐庄”，牟取非法收益以谋求个人私利（陈湘永和丁楹，2002），另外，为了实现预期投资效用的最大化，委托理财的预期可获得的收益越高且风险越小时，委托理财的可能性越大（胡志勇和舒源，2014）；自由现金流观从自由现金流的角度出发，将企业的资金视为企业内部资源的一种，将委托理财行为视为一种资源利用的方式，因此如何进行投资决策即成为如何分派资金的活动，委托理财需要通过现金的方式进行投资，而资金往往有限，在自由现金流观中，委托理财往往和其他资金投资是背离的，而且当公司存在过多的内部自由现金流时，将会因为股东和管理者利益的不统一导致管理者极易进行机会主义的行为，不是归还股东，而是将自由现金流浪费于低收益项目（Jensen，1978）；内外监督观中主要可以分为两个方面进行论述，一方面为外部监督，市场中的信息披露机制不健全、投资者（特别是中小股民）的“跟庄”现象严重，都将导致上市公司由内部人和外部人利益风险偏好差异引起的高风险委托理财事件多次进行的行为（许建华和沈维涛，2003）。另一方面为内部监督，主要体现在公司内部结构方面。例如，巴曙松（2001）发现，上市公司以闲散资金大量进行委托理财的同时设法向市场圈钱，这一现象产生的原因为上市公司结构环境的严重缺陷。例如，董事会的权力惊人、国有股比例过高、中小投资者无法参与决策、政府干预行为等。

综上所述，尽管这些文献大致分析了上市公司委托理财潜在的影响因素，但是这些关于公司财务和内部结构的因素仍有待进一步深入探讨。一方面，已有文献有关委托理财影响因素的研究大多停留在2010年以前，与上市公司开始大量购买理财的时间错开。自2013年起，委托理财如雨后春笋般出现，并且中国市场形成的新态势又表现出的新特征。上市公司购买委托理财的行为也将随着市场的发展产生变化。因此进行深入的讨论极为必要。另一方面，已有文献多采用统计描述的方法研究委托理财的影响因素，这种研究方法一是无法控制其他有关的影响因素，二是通过简单的描述性统计并不能较为准确地判断这种因素是否对上市公司委托理财有影响，因此本书将通过多元回归的方法，考察自2001年起委托理财被强制要求在年报披露的委托理财影响因素，以对委托理财的影响因素有更加准确的判断和新的认识。

从经济后果方面，现有研究有助于深入理解上市公司委托理财行为。然而，已有文献大多采用规范的方法从外部投资者、市场等角度论证委托理财的经济后果。例如，巴曙松（2001）认为，委托理财必然会加剧中国股市的恶庄现象，将会给市场带来违规的隐患。但是，上市公司作为以营利为目的的组织，其经营业绩是其在市场竞争中的立身之本。在现有研究委托理财对公司的业绩影响文献中，更多地是从理论层面分析或从公司现有的特征角度研究上市公司委托理财行为。例如，陈湘永和丁楹（2002）认为，上市公司将巨额资金用于委托理财，必然会影响主业的发展，这种短期的赚钱效应可能会引起依赖，使上市公司真正的主业发展缓慢，不利于长远发展。现有文献鲜有用实际数据证明委托理财对公司业绩的影响，特别是采用实证方法研究上市公司购买委托理财行为的经济后果。因此本书将结合下文的制度背景和理论基础，更加详细地研究委托理财对公司长期和短期业绩的影响。

第3章 制度背景与理论基础

3.1 制度背景

上市公司委托理财在20世纪90年代已经出现。在上市公司购买委托理财产品方面，中国证券监督管理委员会（以下简称“证监会”）进行了一定的限制。2001年3月开始执行的《上市公司新股发行管理办法》中规定“上市公司资金大量闲置，资金存放缺乏安全和有效的控制，或者大量资金用于委托理财”的，中国证监会不予核准其发行申请。这一规定明确了上市公司有较高风险的委托理财资金，则禁止其上市。2006年5月，《上市公司证券发行管理办法》开始施行，该管理办法中关于向不特定对象公开募集股份（简称“增发”）中规定：“除金融类企业外，最近一期末不存在持有金额较大的交易性金融资产和可供出售的金融资产、借予他人款项、委托理财等财务性投资的情形”。这一规定对预计向不特定对象公开募集股份的公司在委托理财的规模上进行了一定的限制。由此，在早期上市公司开始购买委托理财产品的时代，证监会对上市公司进行大规模的理财行为进行了一定的限制，主要是考虑到潜在的风险因素。

委托理财作为上市公司的投资决策行为，在委托理财决策的职权和审批上，也有相关规定。证监会发布的2006年《上市公司章程指引》中针对董事会职权，明确提出："在股东大会授权范围内，决定公司对外投资、收购出售资产、资产抵押、对外担保事项、委托理财、关联交易等事项。"这与1997年版《上市公司章程指引》中的内容（在股东大会授权范围内，决定公司的风险投资、资产抵押及其他担保事项）相比，将上市公司的委托理财投资明确纳入了董事会的职权范围。例如，有的上市公司在购买委托理财产品公告之前，发布相关的独立董事意见公告。另外，在2006年《上市公司章程指引》中详细规定了"董事会应当确定对外投资、收购出售资产、资产抵押、对外担保事项、委托理财、关联交易的权限，建立严格的审查和决策程序"，这要求上市公司委托理财决定需要经过董事会批准的同时，还要建立有关的审查和决策程序。针对这一内容，上市公司的委托理财产品购买公告披露之前，一般均需披露其公司委托理财的管理制度，具体包括委托理财原则、审批权限、决策程序、实施与风险控制、核算管理、信息披露等内容。

另外，在保荐制度方面也有所体现。2006年5月开始执行的《保荐人尽职调查工作准则》中要求，保荐人应取得重大委托理财的相关合同及发行人内部的批准文件，分析该委托理财是否存在违法违规行为。在2009年6月发布的关于修改2008年12月开始执行的《证券发行上市保荐业务管理办法》的决定中增加了"发行人临时报告披露的信息涉及募集资金、关联交易、委托理财、为他人提供担保等重大事项的，保荐机构应当自临时报告披露之日起

10个工作日内进行分析并在中国证监会指定网站发表独立意见”的规定。这一要求在2013年修改的《证券发行上市保荐业务管理办法》的决定中仍然保留。

在上市公司的信息披露方面，2001年，证监会发布了《关于上市公司2001年中期报告披露工作有关问题的通知》，要求公司如实披露在报告期内是否存在委托理财事项，此外，公司董事会应作为重大事项披露委托理财协议的具体内容、委托理财的收益情况，并说明委托理财行为是否经过法定的审议程序。从此上市公司委托理财的披露情况正式引起了市场的关注。2004年的《深圳证券交易所关于做好上市公司2004年半年度报告工作的通知》中指出，上市公司应该披露其他所有的委托理财信息，并在披露内容方面增加披露每笔委托理财的执行情况以及受托方报酬的确定方式。同时，在半年度报告摘要中增加披露报告期内新发生的委托理财累计金额、委托理财余额、逾期未收回的本金和收益累计金额。2011年，证监会在《关于切实做好2011年年报编制、审计和披露工作的公告》中指出，上市公司应遵守募集资金使用的有关规定，依法披露募集资金使用的相关情况。严禁违规使用募集资金进行投资理财的行为。另外，上市公司应在年报“董事会报告”部分详细披露报告期内公司投资理财的情况，包括资金来源、签约方、投资份额、投资期限、产品类型、预计收益、投资盈亏、是否涉诉等，并充分披露上述投资事项的表决程序及潜在风险。随即，在当年年底，证监会起草了《公开发行证券的公司信息披露内容与格式准则第2号——年度报告的内容与格式（2011年修订）（征求意见稿)》，并于2012年9月发布《公开发行证券的公司信息披露内容与格式准则第2号——年度报告的内容与格式（2012年修订)》，正式以准则的形式要求上市公司在董事会报告中披露委托理财的情况，具体包括：资金来源、合作方、投资份额、投资期限、产品类型、预计收益、投资盈亏、是否涉诉等，这一规定自2013年1月1日起开始实施。在2015年修订的第2号准则的重大事项披露中，证监会进行了有关内容的进一步修改，要求上市公司在报告期内或报告期继续发生的委托他人进行现金资产管理事项，公司应当披露委托事项的具体情况，包括：受托人名称、委托金额、委托期限、报酬确定方式，以及当年度实际收益或损失和实际收回情况等；公司还应说明该项委托是否经过法定程序，未来是否还有委托理财计划。2015年的修改内容进一步强调了委托理财的报酬确定方式，以及当年度实际收益或损失和实际收回情况，要求上市公司对其委托理财进行跟踪披露，同时，还进一步要求披露未来的理财计划，以便为利益相关者进行决策提供依据。2017年将这一准则进一步修改为，上市公司应当分别披露报告期内委托理财的资金来源、发生额、未到期余额及逾期未收回金额情况，其中强调了对于单项金额重大的委托理财，或安全性较低、流动性较差、不保本的高风险委托理财，应披露委托理财发生额、未到期余额及逾期未收回金额的具体情况，具体包括：资金来源、受托机构名称（或受托人姓名）及类型、金额、产品期限、资金投向、报酬确定方式、参考年化收益率、预期收益（如有）、当年度实际收益或损失和实际收回情况；公司还应说明该项委托是否经过法定程序，未来是否还有委托理财计划。公司若就该项委托计提投资减值准备的，应当披露当年度计提金额。若委托理财出现预期无法收回本金或存在其他可能导致减值的情形，预计对公司具有较大影响的，公司应当说明对财务状况或当期利润的影响。

在委托方的资金来源方面，2006 年公布的《首次公开发行股票并上市管理办法》和《上市公司证券发行管理办法》中指出，除金融类企业外，募集资金使用项目不得为持有交易性金融资产和可供出售的金融资产、借予他人、委托理财等财务性投资。自 2013 年起，证监会在《上市公司监管指引第 2 号——上市公司募集资金管理和使用的监管要求》中指出，上市公司募集资金应当按照招股说明书或募集说明书所列用途使用，除金融类企业外，募集资金投资项目不得为持有交易性金融资产和可供出售的金融资产、借与他人、委托理财等财务性投资。但暂时闲置的募集资金可进行现金管理，其投资的产品须符合安全性高和流动性好的条件，并经上市公司董事会审议通过，独立董事、监事会、保荐机构发表明确同意意见。自此，上市公司利用募集资金进行投资找到了政策依据，委托理财如雨后春笋，越来越多的上市公司开始购买委托理财产品。

从委托理财的受托方监管方面，主要可以从证券公司和商业银行两个方面考虑。1999 年 3 月证监会发布实施的《关于进一步加强证券公司监管的若干意见》首次明确规定综合类证券公司可以开展资产管理业务，2001 年 6 月证监会下发《证券公司管理办法》（征求意见稿），再次明确综合类证券公司可以经营资产管理业务，并可成立相应的注册资本不低于 5000 万元的控股子公司。于是，证券公司经营资产管理业务就可以合理合法地满足上市公司委托理财的需求。2004 年 2 月开始实施的《证券公司客户资产管理业务试行办法》，具体规定了证券公司进行资产管理业务的范围和资格、基本业务规范、风险控制和客户资产托管、监管措施和法律责任等内容。自 2008 年 7 月开始执行的《证券公司集合资产管理业务实施细则（试行）》对证券公司进行集合资产管理业务提出了更为详细的要求，明确了进行集合理财计划的申请条件，对业务管理规则、风险控制管理、监督管理等方面都作出了详细的规定。

另外，中国上市公司的委托理财大多将商业银行作为受托方，因此以银行为主体的受托方也受到了相关部门的监管。2005年以来，中国银监会制定发布了《商业银行个人理财业务管理暂行办法》和《商业银行个人理财业务风险管理指引》等一系列监管规章和规范性文件，初步建立了商业银行理财业务监管框架。随着银行理财业务的发展，中国银监会正式印发了《商业银行理财产品销售管理办法》，自2012年1月1日起施行，这一行为将机构客户纳入到商业银行开展理财业务对象的范围中，要求商业银行开展的理财业务需要对其风险进行评级，并对客户风险的承受能力进行评估，在销售过程中针对理财产品的销售管理、人员管理、内控制度等提出了具体要求，明确了监督管理和法律责任。为了进一步加强监管，2018年9月开始执行由中国银保监会发布的《商业银行理财业务监督管理办法》，针对非保本理财产品，在规范资金池运作、控制集中度风险、加强流动性风险管控、强化信息披露、实行产品集中登记、加强理财产品合规性管理等方面均作出了详细的规定。

3.2　理论基础

3.2.1　委托代理理论

广义上来说，代理是指在日常交易中由一方（代理人）代表另一方（委托人）与第三人之间的任何关系。由于代理会作出许多影响委托人的决定，因此可能会导致分歧的发生，我们将其称为委托代理问题。

代理理论是一个经济学概念，它解释了为什么群体成员之间的行为或决定会有所不同。它适用于几乎所有特定的“一组”在类似情况下花费部分或全部时间的人，从学校课程和当地社区到行业团体和宗教派别。但是，在大多数情况下，都是根据业务进行讨论的，并且它已成为公司经济学的原理。该理论描述了一方（委托人）与另一方（代理人）之间的关系。两方通常有不同的目标，并且独立于各自的目标，对风险的态度也可以解释他们在行为或决策上的差异。分析人员通常依据此理论来预测团队的运作方式以及某些以人为主导的企业可能获得的成功程度。基本前提是该理论从本质上阐明了参与同一情况、具有相同目标的不同方通常会具有不同的动机，并且探讨了这些不同的动机有时会产生不同的结果。它指出，各方之间总是存在部分目标冲突，并认为效率与有效性密不可分。此外，它假定信息在委托人和代理人之间总是不对称的。根据定义，代理人正在使用委托人的资源。委托人已经提供了资金，但很少或没有参与资金运作。代理人是决策者，但几乎没有风险，因为任何损失都将由委托人承担。

企业中的委托代理主要是指随着生产力水平的提高和生产专业化水平的提高，企业所有者将经营权委托给经理人。在理性经济人的假设下，由于所有者和经营者都为了实现自身的利益最大化，而导致利益取向不同，这便产生了在公司经营活动过程中的决策分歧，并存在非对称信息，从而产生代理成本。委托代理理论主要解决在企业资源的提供者和经营者之间如何签订合理的契约以降低代理成本的问题。

委托代理理论主要关注公司治理结构对公司作出委托理财决策的影响。由于所有权和管理权的分离，上市公司管理层与股东之间往往存在代理冲突，管理层可能由于道德风险等作出损害股东长期利益的行为。良好的公司治理可以抑制公司管理层的随意性投资，从而影响委托理财的发生概率（巴曙松，2001；徐永新等，2009）。当公司治理水平较弱时，缺乏对管理层的有效监督，管理层可能由于谋求短期业绩或个人私利而作出损害长期公司价值的短视决策。例如，非国有企业。相较于非国有企业，国有企业往往规模更大且更可能是国民经济支柱产业，公司在资金投向、进入股市等方面都会受到国资委严格的监管。另外，由于我国特殊的经济体制，当国有企业经营业绩不好时，可以借力于政府的“扶持之手”，而非国有企业更可能通过进行高风险的委托理财活动获取短期投资收益达到粉饰业绩的目的。因此，相较于国有上市公司，非国有上市公司更可能进行高风险的委托理财活动。

第一大股东/控股股东持股比例。一方面，第一大股东/控股股东更关注公司的长期利益，而公司进行委托理财前后，可能发生业绩滑坡，这将损害股东的利益。大股东在公司中持有的权益越多，其利益受到的损失可能越大，由此，其持股比例可能会降低上市公司委托理财的概率（林小驰等，2006）。另一方面，公司的第一大股东/控股股东持股比例越高，越可能出现“一言堂”的情况，大股东独断专行的可能性越大，管理层越可能通过游说第一大股东/控股股东达到支持其决策的目的，即大股东持股比例可能与是否委托理财及理财规模呈正相关（徐永新等，2009）。因此，本书对第一大股东/控股股东持股比例与委托理财之间的关系不做预期。

董事会特征。当公司治理水平较弱时，缺乏对管理层的有效监督，管理层可能由于谋求短期业绩或个人私利而作出损害长期公司价值的短视决策。董事会独立性较弱、董事长与总经理两职合一均会损害董事会的监督力度，管理层更有可能作出购买委托理财的决策（林小驰等，2006；徐永新等，2009）。

管理层持股。管理层持股可以有效降低不考虑股东利益的风险。管理层持股比例越高，越会从公司长期利益出发，保障股东利益最大化，作出最有利于提升公司价值的决策，避免短视行为。因此，管理层持股比例与是否委托理财及理财规模呈负相关。

3.2.2 自由现金流理论

基于自由现金流的角度，Jensen（1986）认为委托代理将会导致投资过度的问题。当公司有较多的闲余资金时，管理层更可能进行过度投资而非分配利润（Vogt，1994；Richardson，2006）。由代理问题发展而来的自由现金流假说认为，自由现金流是公司在满足内部日常经营活动和投资活动所需资金后，仍剩余的部分。当公司存在较多的自由现金流时，管理层的自利主义行为将会引导其从自身利益最大化的角度处理问题，会投向对管理层自身有利的项目，而非将闲置资金交给股东，以保障自己的利益，最终导致公司资源的浪费和过度投资。

自由现金流量表示的是公司在考虑现金流出后，以支持运营并维护其资本资产后产生的现金。与收益或净收入不同，自由现金流是衡量获利能力的一种方法，它不包括利润表中的非现金支出，而包括设备和资产的支出以及资产负债表中流动资金的变化。自由现金流考虑营运资金的变化，所以它可以提供有关公司价值及其基本趋势的健康状况。例如，将营运资金包括在衡量获利能力的方法中，可以提供利润表中缺少的见解。但是，当公司存在较多的自由现金流时，管理层的自利主义行为将会引导其从自身利益最大化的角度处理问题，会投向对管理层自身有利的项目，这将损害股东利益。

根据自由现金流理论，上市公司货币资金增多时，可供管理层自由支配的现金较多，为其进行委托理财投资活动提供了基础。例如，公司规模较大和现金持有水平较高时，管理层可利用的闲置资金较多。因此，通过该理论可以预测上市公司规模、现金持有水平与上市公司购买委托理财产品的行为及理财规模呈正相关。

公司负债水平。当企业债务负担较小，资产负债率较低时，企业可供支配资金增多（陈湘永等，2002），由此可以得出上市公司的财务杠杆与是否委托理财及理财规模呈负相关。

公司成长性。当公司处于成长期时，较多资金用于扩大主营业务或公司规模，可用于购买委托理财产品的资金较少；当公司逐渐成熟甚至衰退时，投资主营业务或扩大公司规模的积极性降低，闲置资金可能用于委托理财，即上市公司成长性与是否委托理财及理财规模呈负相关。

融资水平。上市公司进行委托理财可能与其融资行为相关。随着我国证券市场对上市公司 IPO、配股、增发等融资条件的放宽，上市公司纷纷上市圈钱，但在募集到资金后又频繁变更募集资金投向，其中一部分就用于委托理财（侯毅，2004；王展飞，2006）。周长青（2011）对 2011 年沪市上市公司委托理财情况进行分析指出，超募现象导致产生大量的资金闲置，一方面，公司业绩较好的情况下，公司资金实力雄厚，闲置资金可能更多，更有能力进行委托理财。此时，公司业绩与是否委托理财及理财规模呈正相关；另一方面，当企业经营业绩较好，主营业务获利能力较强时，公司倾向于将资金用于发展主营业务，较少将其用于投资委托理财产品。此外，当企业经营业绩较差时，上市公司为了粉饰业绩，可能将闲置资金用于购买回收期短且回报率高的委托理财产品，以此获取短期收益，快速提升业绩。此时，公司业绩与是否委托理财及理财规模可能呈负相关。

第 4 章
上市公司委托理财影响因素研究

上市公司购买委托理财产品呈现日益增长的趋势，无论是参与投资的企业数量还是总体投入的资金均显著上升，购买委托理财产品的热情持续高涨。上市公司的委托理财业务使其与金融机构之间搭建了链接，且潜在地影响着整个资本市场的发展，因此，上市公司开展委托理财业务的动因及其影响因素受到了理论界和实务界的关注。但是上市公司委托理财行为同时面临着多方面的风险。例如，从法律风险的角度，上市公司购买委托理财产品时与受托方签订有关合约，当合约内容不符合法律规范时，可能会为委托方带来潜在的风险，并引起损失。在财务风险方面，上市公司将通过金融机构，将自由或者募集的闲置资金投向资本市场，形成资本积累，并将资金固定在这些产品上，但是这些资金可能原本应用于项目的发展，因此可能会影响企业自身的发展，特别是当无法收回本金时，将面临资金链断裂等问题。这不禁令人质疑上市公司出于怎样的动机购买委托理财产品？例如，在现有研究中，巴曙松（2001）指出，中国上市公司董事会权力过大，会使得进行委托理财的决策变得非常容易，另外，还有学者指出，上市公司进行委托理财动机主要是获得投资收益、牟取非法收益（陈湘永和丁楹，2002）。由此，本章将深入地讨论影响委托理财的潜在因素。

具体地，本章第一部分从公司的内部结构特征和财务特征两个角度出发，从理论上讨论上市公司购买委托理财产品的影响因素，通过理论分析进行假设发展。本章第二部分结合研究假设，对研究内容进行实证设计，具体包括样本选择与数据来源、模型设计和变量定义。第三部分为本章的实证分析，通过描述性统计、相关性分析、回归结果分析等，用数据分析并验证上市公司购买委托理财产品的影响因素。在第四部分中，通过筛选出的购买委托理财产品的样本，进一步讨论购买委托理财产品金额规模的影响因素。第五部分对本章的结论进行总结。

4.1 假设发展

总体来讲，有足够自由现金流量的公司更有可能从事委托理财，因为它们可能有更多的闲置资金来支持投资。此外，由于所有权和管理权的分离，管理者可能追求私人利益，而不是公司和股东的最大利益。当经理受更多短期的利益驱使时，企业更有可能从事委托理财。根据先前的文献并结合中国的实际情况，本节确定委托理财的主要影响因素分析如下：

产权性质：在中国这样的发展中经济体中，一方面，国家对关键资源拥有强大的控制权，而且产权保护和合同执行的法律体系通常要比发达国家的法律体系薄弱（Allen et al.，2005；Cull and Xu，2005）。另一方面，政府总是保护或补贴国有企业，以弥补它们承担的社会和政治负担（Lin and Li，2004；Wei et al.，2005）。尽管与同行相比，国有企业总是能够更好地获得银行贷款（Allen et al.，

2005；Bai et al.，2006），而且财务约束也不那么严格（Poncet et al.，2010；Cull et al.，2015），但是在国有企业中，国家常常是国有企业的大股东，国有企业的管理层更多是由政府认命，且注重仕途（吴联生等，2010），企业的竞争意识相对较弱，经营活动决策也较为稳健，并且国有企业是政府干预经济和进行调控的工具和手段，国有企业肩负了经济与非经济的社会责任（黄速建和余菁，2006），为了保证其社会责任的实现，需要公司平稳地运营，而非追寻市场，因此国有企业的管理层相对非国有企业的管理层来讲，其受短期利益驱动的可能性较小，并且在国资委的监管下，国有企业的重大经营战略和决策都要受到层层监管和审批，管理层受到更多的监管和控制。而非国有企业的管理层更多地受到业绩考核等影响，积极追寻最大化的短期绩效，以实现自身利益最大化，因此非国有企业更有可能通过进行委托理财活动来追求短期投资收益以实现业绩。由此预测，非国有企业更愿意从事委托理财活动。

董事会规模：委托代理理论的基本观点认为，公司可以通过监督、激励的方式降低和解决所有者和经营者之间有关代理问题，保证股东利益的实现。其中，董事会成为所有者和经营者之间的最重要的桥梁，其最基本的职能是代表股东来监控管理层（Robort et al.，1995）。在重大战略决策面前，往往是董事会和管理层共同进行决策的，在公司绩效面前，形成了股东大会授权董事会，董事会通过监督管理层从而间接影响战略决策，或者直接参与战略决策的横向和纵向交叉的结构（华锦阳，2003），董事会在这个过程中既在战略方面发挥领导作用，又制定政策和监督管理层（Fama and Jensen，1983）。在公司购买委托理财产品时，均需要获得董事会批准才可以执行，因此董事会决策在其中起到了重大的作用。一方面，董事会规模越大时，由于董事由股东派选，代表不同股东利益的董事人员可能就越多，此时，代表不同利益主体的意见相汇集，会降低某一利益主体由于自利行为导致的短视选择的可能性。另一方面，董事会规模越大，其在进行决策时，通过多人的意见和讨论后，会比较少人得到的决策更加合理，更加符合企业的战略需要。因此，董事会规模越大时，上市公司购买委托理财产品的可能性越低。

独立董事：独立董事参加到法人治理中，能够通过间接的方式，分享和稀释企业的控制权，成为一种共同治理企业的替代形式（郭强和蒋东生，2003），这一过程中独立董事成为“短期合约的裁定人和边际调整人”（郭强和蒋东生，2003）。另外，在中国的上市公司中，独立董事大多有较高的专业知识和学术背景，能够较好地帮助企业进行决策。独立董事对上市公司及其股东承担责任，已有文献提供了关于独立董事作用的混合证据。最近的一些研究发现，独立董事在中国很有效。例如，独立董事可以提高银行的绩效和资产质量（Liang et al.，2013），提高管理预测的准确性（Song et al.，2013），保护外部投资者的利益（Tang et al.，2013），履行对执行董事和高级管理层的监督职能（Bo et al.，2016），并提高内部控制质量（Hu et al.，2017）。但是，也有研究表明，中国的独立董事制度只是公司法的规定，独立董事对企业经营决策的影响能力有限，有研究表明并没有发现独立董事的积极作用（Clarke，2006）。例如，Li 和 Naughton（2007）研究发现，上市公司无法通过提高独立董事的比例，为企业创造价值。因此，独立董事对委托理财是否有抑制作用无法预测。

管理层持股：当经理人拥有自己公司的股份时，有可能导致两种不同的结果，其中一种对外部股东有利，而另一种则不利。一方面，管理层持股可以帮助解决由于利益趋同引起的代理冲突（Jensen and Meckling，1976）。随着管理者股权比例的增加，管理者的利益变得与企业价值息息相关，因此通过管理层持股可以将提高管理者的利益与股东价值最大化挂钩，降低其由于管理不善或者过度消费造成的代理成本加剧的问题，管理者应该有更多的动机来最大化公司的长期价值。例如，Li 等（2007）研究发现，管理层持股对公司绩效有积极影响；另一方面，如果管理层持有股份，管理者也可能变得“根深蒂固”（Fama and Jensen，1983）。Yuan 等（2008）发现，管理者持股比例与企业经行业调整后的资产收益之间存在负相关关系。管理人员的股份所有权通常低于已发行股份总数的 1%（Wei et al.，2005），对于中国而言，国有企业的管理者不是重要的股东，因此管理层持股难以体现其增加还是破坏企业价值的作用。对于非国有企业，向管理人员授予高管选择权的做法仍然很少（自 2005 年以来才被允许），并且中国的上市公司很少向其管理人员提供股票、限制性股票或绩效股票作为薪酬的一部分（Jiang et al.，2015）。在发达国家，由于分散的所有权结构，拥有公司少量股份的经理人可能会“根深蒂固”，但在中国的上市公司中，管理者成为大股东的唯一方法是成为家族公司的家庭成员并且他或她亲自购买股份（Jiang et al.，2015）。并且，中国几乎所有公司都有一个大控股股东，无论经理拥有多少股份，他们都可以轻易解雇经理（Jiang et al.，2015）。由此预测，管理层持股比例越高，公司购买委托理财产品的可能性越低。

两职合一：在上市公司中，董事长同时兼任总经理常常被认为是公司内部结构中的缺陷。例如，詹森（Jensen，1993）指出，当首席执行官兼董事会主席时，董事会在监督管理方面的效率会降低。拥有过多权力的董事会无需股东大会的批准即可直接作出委托理财的决定。另外，当首席执行官兼董事会主席时，首席执行官的权力和权利也会得到增强，董事会的监督会变弱。因此，可以预测，上市公司的两职合一会导致内部监管方面的低效，进而增加委托理财的可能性。

机构投资者持股：机构投资者作为专业的投资者，可以通过成为公司的大股东从事股东行动或执行监督。有关机构投资者持股的文献表明机构投资者在监督上市公司行为方面发挥了积极作用。例如，Gillan 和 Starks（2000）研究发现，机构投资者可以有效地降低上市公司的机会主义行为，发挥其监管作用。但是，在中国的资本市场上，机构投资者难以成为“大股东”级别的投资者，因此难以发挥其有效的监督作用。Chen 等（2007）认为，只有同时具备大量持有公司股权且具有长期投资意愿两个条件的机构投资者才有动机进行监督。尽管近年来，机构投资者的发展越来越迅速，但是仍难以成为“大股东”级别的投资人。2018 年 12 月 31 日，中国上市公司机构投资者投资比率平均为 4.56%，而第一大股东的持股比例平均为 33.75%（数据来自国泰安数据库）。并且，由于近几年中国的市场发展迅速，起伏波动较大，机构投资者持有上市公司的股票更多是短视行为，并没有参与监督公司的意愿（Tam，2002）。但仍有文献研究发现，中国的机构投资者能够发挥监管的作用。例如，程书强（2006）以 2000—2003 年中国 A 股上市公司为样本研究发现，机构持股比例与盈余管理负相关，机构持股比例越高时，可以有效抑制通过操纵应计利润的盈余管理行为，提高信息质量，这说明机构持股能够参与到监督公司的活动中，从而改善公司内部结构环境，帮助上市公司更规范有效地经营。因此，本节预测机构投资者与上市公司委托理财的关系不确定。

公司绩效：公司从事委托理财的主要原因之一是获得投资收益，从而提高其当前绩效。业绩表现良好的公司，拥有更多的盈余资金，可能有更多闲置资金从事委托理财活动，由此公司绩效与委托理财之间可能存在正相关关系。相反，企业可能会通过委托理财来弥补其主营业务亏损，从而使收入趋于平稳（孙健等，2016）。在公司所在行业不景气的情况下，主营业务的运营难以使企业保持其预期的业绩增长，在这种情况下，公司更有动力进行委托理财（侯毅，2004），委托理财的数量往往更大（王展飞，2006）。为了完成短期利润业绩，企业可以通过委托理财的方式来解决问题，而不是通过开辟新的利润增长方式和提高生产效率。综上所述，公司的经营业绩与委托理财的关系无法预测。

股权融资：上市公司通过上市、增发、配股等方式从股票市场筹集资金，但往往将其融资获得的一部分资金改向投资之前未确定的其他项目（侯毅，2004；王展飞，2006）。上市公司将募集获得的部分资金转换为闲置资金，然后将其用于委托理财。因此，企业从资本市场融得的资金越多，从事委托理财的可能性就越大，股权融资水平与委托理财呈正相关关系。

债权融资：上市公司还可以通过债权融资的方式进行融资，通过债权融资的方法，上市公司可以获得其必要的资金，也可以将其用于委托理财。但是，与股权融资相比，债权人对借出资金的监管更为严格，这是由于债权人更加关注风险但权益投资人则更关注的是收益（王雄元和高开娟，2015）。因此，原本高现金流的借入资金的公司可能由于债权人监管的严格，而导致其难以通过委托理财的方式获得收益。另外，提供理财产品的受托人大多为银行，且中国上市公司借入资金的方式以向银行的短期和长期借款为主，进一步降低了上市公司将借入资金用于委托理财的可能性。因此，本节预测债权融资与委托理财的关系为不确定。

现金比例：在中国的委托理财产品中，仅限于以现金的方式进行投资。自由现金流量理论（Jensen，1986）指出，上市公司拥有的货币资金越多，其管理层可以控制的现金流量就越多，这为其委托理财提供了资金基础。因此，本节预测现金比例与委托理财呈正相关关系，公司所持有的现金比例越高，其进行委托理财的可能性越大。

资本支出：资本支出是上市公司为取得长期资产发生的一系列支出，当上市公司的资本支出增加时，其资金将会被固定在所投资的长期资产中，难以再变现，上市公司的资本支出较多时，可以用于其他项目投资的闲置资金相对减少，导致可用于委托理财的资金减少。因此，公司的资本支出越多，其购买委托理财产品的可能性越低。

4.2　研究设计

本节首先按照4.1部分的内容进行研究设计，以验证其中的假设。然后介绍样本选择的过程、数据的来源，并通过已有文献设计模型，对变量进行定义。

4.2.1　样本选择与数据来源

2001年，证监会发布的《关于上市公司2001年中期报告披露工作有关问题的通知》中规定“如公司在报告期内存在委托理财事项，公司董事会应作为重大事项披露委托理财协议的具体内容、委托理财的收益情况并说明委托理财行为是否经过法定的审议程序”。这是我国证监会首次要求上市公司披露委托理财业务的相关信息，本书选择2001年作为研究的起点，2018年为本研究开始时可获取数据的最新年份。因此，最初的样本包括2001—2018年在中国上交所和深交所上市的所有A股公司。并通过如下筛选：（1）删除金融行业的公司（例如，银行、基金公司、证券公司、信托公司等）；（2）删除财务杠杆大于1的观测值；（3）删除存在缺失值的观测值。最终得到20911条“公司—年份”观测值，涉及2495家上市公司。所有数据均来自国泰安（CSMAR）数据库。

4.2.2　模型设计

为了验证上述委托理财的影响因素，使用Probit模型检验各变量对公司购买委托理财产品的影响，具体模型如式（4-1）所示：

$$\text{Prob}(Entrustedinvest = 1 \mid x)_{i,t} = \alpha_0 + \alpha_1 SOE_{i,t-1} + \alpha_2 Boardsize_{i,t-1} + \alpha_3 Independence_{i,t-1} + \alpha_4 Manager_{i,t-1} + \alpha_5 Duality_{i,t-1} + \alpha_6 Mufund_{i,t-1} + \alpha_7 ROA_{i,t-1} + \alpha_8 Equityfinance_{i,t-1} + \alpha_9 Loan_{i,t-1} + \alpha_{10} Cash_{i,t-1} + \alpha_{11} Capex_{i,t-1} + \alpha_{12} Growth_{i,t-1} + \alpha_{13} Leverage_{i,t-1} + \alpha_{14} Size_{i,t-1} + \alpha_{15} Age_{i,t-1} + \sum Industry + \sum Year + \varepsilon_{i,t} \quad \text{式（4-1）}$$

其中，α_i表示回归系数，$\varepsilon_{i,t}$为残差。因变量*Entrustedinvest*是虚拟变量，如果上市公司在t年进行了委托理财，取值为1，否则为0。除4.1部分分析的公司层面影响因素外，在模型中加入了行业和年度哑变量，分别控制行业和年份效应的影响。为了减少可能存在的内生性问题，将所有的自变量滞后一期后进行回归。连续变量均在1%水平上进行了缩尾处理。

4.2.3 变量定义

（1）委托理财

本节用委托理财的虚拟变量 *Entrustedinvest* 衡量上市公司是否会购买委托理财产品。当上市公司购买委托理财产品时，取值为1，否则为0。

（2）产权性质

为了区分产权性质对上市公司购买委托理财产品的影响，设计变量 *SOE*。当上市公司当年的实质控制人为国家时，取值为1，否则为0。

（3）董事会规模

利用董事会的人数设计董事会规模 *Boardsize* 变量，以检验委托理财与董事会规模的关系。为了降低奇异值的影响，采用董事会人数加1的自然对数进行衡量。该数值越大，表明董事会规模越大。

（4）独立董事

董事会“独立”的程度体现在独立董事在董事人数中的占比，因此用上市公司当年独立董事人数除以董事会总人数的比例来计算独立董事变量 *Independence*。该数值越大，说明独立董事的比例越高，有更多的话语权。

（5）管理层持股

上市公司的管理人员持有该公司股票总数占该公司发行股票总

数的比例即为管理层持股比率，用 *Manager* 予以表示。该数值越大，表明上市公司该年管理层持有该上市公司的股票比重越高。

（6）两职合一

为了检验两职合一对上市公司购买委托理财产品的影响，设计变量 *Duality*。当上市公司当年的董事长同时兼任总经理时，取值为1，否则为0。

（7）基金持股

上市公司当年年底由基金公司持有该公司股票总数占该公司发行股票总数的比例即为基金持股比率，用 *Mufund* 予以表示。该数值越大，表明上市公司该年机构投资者持有该上市公司的股票比重越高。

（8）经营业绩

上市公司当年会计期间的净利润除以总资产表明该期间内的资产回报率，用以衡量企业的经营业绩，用 *ROA* 进行表示。该数值越大，表明公司当年的经营业绩越好，盈利能力越强。

（9）股权融资

上市公司最主要的对外权益融资的方法为IPO上市、增发和配股。因此用上市公司通过IPO上市、增发和配股三种方式获得的资金衡量其当年的股权融资水平，为了降低企业规模的影响，在总额的基础上除以该公司当年的资产总额，用 *Equityfinance* 表示。该数值越大，表明其股权融资所获得的金额越多。

（10）债权融资

上市公司主要通过向金融机构借款的方式对外获得债权融资。因此用上市公司当年通过银行获得借款的资金总额衡量其当年的债权融资水平，为了降低企业规模的影响，在总额的基础上除以该公司当年的资产总额，用 *Loan* 表示。该数值越大，表明其债权融资所获得的金额越多。

（11）现金比率

上市公司经营活动所获得的现金流量净额表示公司当年通过经营所能支配的资金水平，因此，用经营活动所获得的现金流量净额除以资产总额衡量该公司的现金比率水平，用 *Cash* 表示，该数值越大，表明其所持有的现金越多。

（12）资本支出

上市公司的资本支出主要反映在购买和处置长期资产上，因此采用购建固定资产、无形资产和其他长期资产支付的现金与处置固定资产、无形资产和其他长期资产回收的现金的差额与当年资产总额的比值衡量，用 *Capex* 表示。其数值越大，表明该年的资本支出越多。

（13）其他变量

为了控制各影响因素与委托理财的关系，另加入了成长性（*Growth*）、财务杠杆（*Leverage*）、公司规模（*Size*）和公司年龄（*Age*）等变量，具体变量如表 4－1 所示。

表 4－1　　委托理财影响因素变量定义表

变量	符号	定义
委托理财	*Entrustedinvest*	公司当年购买委托理财产品时，取值为 1，否则为 0
委托理财金额	*Entrustedamount*	公司当期时间加权计算的购买委托理财产品总金额加 1 的自然对数，对于未购买委托理财产品的公司，其值为 0
产权性质	*SOE*	公司的实质控制人为国有时取值为 1，否则为 0
董事会规模	*Boardsize*	公司董事会人数总数加 1 的自然对数

续表

变量	符号	定义
独立董事	*Independence*	公司独立董事人数占董事会总人数的比例
两职合一	*Duality*	公司的董事长同时兼任该公司的总经理则取值为 1，否则为 0
管理层持股	*Manager*	公司管理层持有该公司股票数占总股票数的比例
基金持股	*Mufund*	基金公司持有该公司股票数占总股票数的比例
经营业绩	*ROA*	公司当年净利润占资产总额比例
股权融资	*Equityfinance*	公司当年通过首发上市、增发和配股方式融资获得的资金总额除以资产总额
债权融资	*Loan*	公司当年通过银行借入资金总额除以资产总额
现金比率	*Cash*	公司当年的经营活动现金净流量除以资产总额
资本支出	*Capex*	公司购建固定资产、无形资产和其他长期资产支付的现金与处置固定资产、无形资产和其他长期资产回收的现金的差额除以资产总额
成长性	*Growth*	公司当年营业收入总额与上一年营业收入总额的差额除以上一年营业收入总额
财务杠杆	*Leverage*	公司负债总额与资产总额的比值
公司规模	*Size*	公司资产总额的自然对数
公司年龄	*Age*	当年减去上市公司成立年份加 1 的自然对数
理财利率	*Rate*	上市公司当年委托理财所投产品的平均收益率

4.3　实证分析

本节在 4.2 部分研究设计的基础上得出有关上市公司委托理财影响因素的实证结果。具体地，首先对样本数据进行描述性统计和分析；其次测试主要变量的相关性系数，最终得到回归结果，并具体分析每一个影响因素，得出结论。

4.3.1 描述性统计

委托理财有关影响因素的描述性统计结果如表 4－2 所示。其中，委托理财（*Entrustedinvest*）均值为 0.208，表明在样本中平均 20.8% 的上市公司在当期购买了委托理财产品。产权性质（*SOE*）的均值为 0.443，表明样本中平均 44.3% 的上市公司为国有企业。董事会规模（*Boardsize*）的均值为 2.272，表明样本中的上市公司平均有 9 个董事。独立董事（*Independence*）均值为 0.365，表明在样本中上市公司平均每年的独立董事占董事会总人数的 36.5%。管理层持股（*Manager*）的均值为 0.103，表明样本中的上市公司管理层平均持股比例为 10.3%，但从中位数可以看出，大多数的上市公司并没有给予管理层股票。基金公司持股（*Mufund*）的平均数为 0.039，表明基金公司平均持有上市公司 3.9% 的股票。经营业绩（*ROA*）的均值为 0.040，表明样本中的上市公司平均资产回报率为 4%。股权融资（*Equityfinance*）和债权融资（*Loan*）的均值分别为 0.053 和 0.008，表明上市公司平均当年获得股权融资和债权融资的金额占资产总额的 5.3% 和 0.8%，由此可以看出，股权融资所获得的资金相对于债权融资较高。现金比率（*Cash*）的均值为 0.043，表明上市公司当期的经营现金流量净额占资产总额的 4.3%。另外，成长性（*Growth*）的均值为 0.227，财务杠杆（*Leverage*）的均值为 0.445，公司规模（*Size*）和公司年龄（*Age*）的均值分别为 21.849 和 2.674。

表4－2　　委托理财影响因素描述性统计结果

变量	观测值	均值	标准差	中位数	最小值	最大值
Entrustedinvest	20911	0.208	0.406	0.000	0.000	1.000
SOE	20911	0.443	0.497	0.000	0.000	1.000
Boardsize	20911	2.272	0.180	2.303	1.792	2.773
Independence	20911	0.365	0.059	0.333	0.000	0.556
Manager	20911	0.103	0.185	0.000	0.000	0.682
Duality	20911	0.234	0.423	0.000	0.000	1.000
Mufund	20911	0.039	0.061	0.012	0.000	0.281
ROA	20911	0.040	0.060	0.037	－0.194	0.221
Equityfinance	20911	0.053	0.169	0.000	0.000	1.029
Loan	20911	0.008	0.037	0.000	0.000	0.255
Cash	20911	0.043	0.075	0.042	－0.203	0.264
Capex	20911	0.054	0.055	0.039	－0.042	0.263
Growth	20911	0.227	0.575	0.128	－0.658	4.429
Leverage	20911	0.445	0.207	0.447	0.049	0.912
Size	20911	21.849	1.199	21.709	19.210	25.569
Age	20911	2.674	0.395	2.708	1.099	3.367

注：（1）本表变量定义参考表4－1；（2）所有的连续变量均在1%水平上进行缩尾处理。

4.3.2　相关性分析

委托理财与其影响因素的相关系数如表4－3所示。左下三角为Pearson相关系数，右上三角为Spearman相关系数。在两个变量的相关关系中，委托理财（*Entrustedinvest*）和独立董事（*Independence*）、管理层持股（*Manager*）、两职合一（*Duality*）、经营业绩（*ROA*）、股权融资（*Equityfinance*）、债权融资（*Loan*）现金比率

表 4-3　　委托理财影响因素相关性系数

		(1)	(2)	(3)	(4)	(5)	(6)	(7)	(8)	(9)	(10)	(11)	(12)	(13)	(14)	(15)	(16)
Entrustedinvest	(1)	1	-0.122 ***	-0.089 ***	0.060 ***	0.135 ***	0.061 ***	0.092 ***	0.079 ***	0.070 ***	0.043 ***	0.037 ***	-0.032 ***	-0.036 ***	-0.192 ***	0.075 ***	0.138 ***
SOE	(2)	-0.122 ***	1	0.279 ***	-0.124 ***	-0.507 ***	-0.274 ***	-0.040 ***	-0.122 ***	-0.091 ***	-0.039 ***	0.055 ***	-0.046 ***	-0.070 ***	0.277 ***	0.228 ***	0.067 ***
Boardsize	(3)	-0.086 ***	0.279 ***	1	-0.466 ***	-0.170 ***	-0.196 ***	0.045 ***	0.023 ***	-0.029 ***	-0.022 ***	0.071 ***	0.080 ***	0.01	0.168 ***	0.200 ***	-0.044 ***
Independence	(4)	0.061 ***	-0.137 ***	-0.419 ***	1	0.079 ***	0.115 ***	0.035 ***	-0.023 ***	0.021 ***	0.028 ***	-0.041 ***	-0.029 ***	0	-0.039 ***	0.017 **	0.078 ***
Manager	(5)	0.108 ***	-0.478 ***	-0.204 ***	0.129 ***	1	0.230 ***	0.174 ***	0.193 ***	0.102 ***	0.049 ***	-0.027 ***	0.134 ***	0.117 ***	-0.306 ***	-0.112 ***	-0.141 ***
Duality	(6)	0.061 ***	-0.274 ***	-0.186 ***	0.118 ***	0.242 ***	1	0.015 **	0.035 ***	0.043 ***	0.029 ***	-0.035 ***	0.040 ***	0.029 ***	-0.141 ***	-0.126 ***	-0.046 ***
Myfund	(7)	0.007	-0.012 **	0.061 ***	0.018 ***	0.034 ***	0.002	1	0.376 ***	0.142 ***	0.046 ***	0.141 ***	0.160 ***	0.196 ***	-0.046 ***	0.341 ***	-0.003
ROA	(8)	0.078 ***	-0.101 ***	0.028 ***	0	0.139 ***	0.024 ***	0.325 ***	1	0.048 ***	-0.034 ***	0.364 ***	0.119 ***	0.306 ***	-0.348 ***	0.062 ***	-0.091 ***
Equityfinance	(9)	0.073 ***	-0.099 ***	-0.056 ***	0.036 ***	0.102 ***	0.051 ***	0.063 ***	0.030 ***	1	0.049 ***	-0.032 ***	0.064 ***	0.094 ***	0.001	0.021 ***	-0.020 ***
Loan	(10)	0.042 ***	-0.048 ***	-0.031 ***	0.033 ***	0.050 ***	0.036 ***	0.008	-0.027 ***	0.039 ***	1	-0.050 ***	0.016 **	0.016 **	0.071 ***	0.088 ***	0.034 ***
Cash	(11)	0.037 ***	0.054 ***	0.067 ***	-0.037 ***	-0.043 ***	-0.038 ***	0.151 ***	0.360 ***	-0.009	-0.028 ***	1	0.189 ***	0.045 ***	-0.126 ***	0.038 ***	-0.043 ***
Capex	(12)	-0.051 ***	-0.036 ***	0.071 ***	-0.017 ***	0.108 ***	0.038 ***	0.109 ***	0.090 ***	0.022 ***	0.018 ***	0.148 ***	1	0.077 ***	-0.086 ***	0.025 ***	-0.237 ***
Growth	(13)	-0.013 **	-0.053 ***	-0.011 *	0.012 **	0.030 ***	0.013 **	0.065 ***	0.178 ***	0.065 ***	-0.011 *	-0.001	-0.010 *	1	0.029 ***	0.087 ***	-0.105 ***
Leverage	(14)	-0.190 ***	0.277 ***	0.167 ***	-0.038 ***	-0.344 ***	-0.139 ***	-0.016 ***	-0.334 ***	-0.069 ***	0.031 ***	-0.131 ***	-0.043 ***	0.058 ***	1	0.433 ***	0.139 ***
Size	(15)	0.072 ***	0.238 ***	0.220 ***	0.044 ***	-0.218 ***	-0.122 ***	0.158 ***	0.090 ***	-0.094 ***	0.023 ***	0.036 ***	0.031 ***	0.067 ***	0.431 ***	1	0.250 ***
Age	(16)	0.132 ***	0.074 ***	-0.037 ***	0.121 ***	-0.205 ***	-0.054 ***	-0.060 ***	-0.079 ***	-0.008	0.012 **	-0.035 ***	-0.226 ***	-0.014 **	0.152 ***	0.246 ***	1

注：(1) 本表变量定义参考表 4-1；(2) 其中，下三角表示 Pearson 相关系数，上三角表示 Spearman 相关系数；(3) *、**、*** 分别表示统计检验在 10%、5% 和 1% 水平上显著。

(*Cash*)、公司规模(*Size*)、公司年龄(*Age*)呈正相关，表明在不考虑其他影响因素的条件下，公司的独立董事比率越高、管理层持股比例越高、存在两职合一的情况、经营业绩越好、股权融资比例越高、债权融资比例越高、现金比率越高、公司规模越大、公司上市时间越长，其购买委托理财产品的可能性就越高。另外，委托理财(*Entrustedinvest*)和产权性质(*SOE*)、资本支出(*Capex*)、成长性(*Growth*)、财务杠杆(*Leverage*)的相关系数为负，表明上市公司为国有企业、资本支出较多、公司成长性较好、财务杠杆较高时，购买委托理财产品的可能性越低。

为检查多重共线性问题，本章计算得出自变量的方差膨胀因子(*Vif*)最大值为2.01，平均值为1.59，并结合相关系数分析结果，表明总体自变量之间的相关性系数较低，即在本章中多重共线性不会构成严重问题。

4.3.3 回归结果分析

委托理财影响因素的回归结果如表4-4所示。第(1)列报告了未控制公司特征时，公司结构环境有关变量与委托理财之间的关系，第(2)列报告了公司特征与委托理财之间的关系，第(3)列为所有变量均参与回归的结果。其中，产权性质(*SOE*)在控制其他变量的影响时，相关系数为-0.068，且在5%水平上显著，表明当公司为国有企业时，上市公司购买委托理财产品的可能性越低，符合研究假设部分的论述，即国有企业肩负的社会责任和管理层经常由政府任命导致其购买委托理财产品的可能性降低。董事会规模(*Boardsize*)的回归系数为-0.231，且在1%水平上显著，表明当公司的董事会规模越大时，上市公司购买委托理财的可能性越低。同时表明董事会规模越大，其对公司的监督效果较好，可以有效避免公司购买委托理财产品这样的自利行为。独立董事（*Independence*）的回归系数为 -0.462，且在 10% 水平上显著，表明当公司的独立董事比例越高时，上市公司购买委托理财的可能性越低，说明独立董事可以帮助企业完善公司内部结构环境，起到一定的监督和辅助作用。管理层持股（*Manager*）的回归系数为 -0.134，且在 10% 水平上显著，表明当公司的管理层持股比例越高时，上市公司购买委托理财产品的可能性越低，说明在中国的上市公司中，管理层持股行为起到的是降低代理问题加剧、提高股东价值的作用，管理层持股行为降低了上市公司购买委托理财产品的情况发生。两职合一（*Duality*）的回归系数为 0.045，且在 10% 水平上显著，表明当公司的董事长同时兼任总经理时，上市公司购买委托理财产品的可能性越高。正如研究假设中所论证，董事长同时兼任总经理常常被认为是公司结构环境中的缺陷，当首席执行官兼董事会主席时，董事会在监督管理方面的效率会降低。基金公司持股（*Mufund*）的回归系数为 0.305，但是不显著，表明基金持股比例与上市公司购买委托理财产品的可能性没有显著相关关系。这说明尽管机构投资者作为专业的投资者，可以通过成为公司的大股东从事股东行动或执行监督，但是在监督公司购买委托理财产品方面所起到的作用仍然有限。

表 4-4　　委托理财影响因素回归结果

	$Entrustedinvest_{i,t}$		
	(1)	(2)	(3)
$SOE_{i,t-1}$	-0.071***		-0.068**
	(0.009)		(0.016)

续表

	$Entrustedinvest_{i,t}$		
	(1)	(2)	(3)
$Boardsize_{i,t-1}$	-0.152**		-0.231***
	(0.042)		(0.003)
$Independence_{i,t-1}$	-0.341		-0.462*
	(0.159)		(0.063)
$Manager_{i,t-1}$	0.037		-0.134*
	(0.561)		(0.053)
$Duality_{i,t-1}$	0.027		0.045*
	(0.289)		(0.083)
$Mufund_{i,t-1}$	0.951***		0.305
	(0.000)		(0.149)
$ROA_{i,t-1}$		0.481**	0.384
		(0.038)	(0.112)
$Equityfinance_{i,t-1}$		0.275***	0.268***
		(0.000)	(0.000)
$Loan_{i,t-1}$		-0.060	-0.076
		(0.827)	(0.780)
$Cash_{i,t-1}$		0.659***	0.670***
		(0.000)	(0.000)
$Capex_{i,t-1}$		-1.228***	-1.265***
		(0.000)	(0.000)
$Growth_{i,t-1}$		-0.024	-0.029
		(0.234)	(0.144)
$Leverage_{i,t-1}$		-1.655***	-1.665***
		(0.000)	(0.000)
$Size_{i,t-1}$		0.169***	0.180***
		(0.000)	(0.000)

续表

	$Entrustedinvest_{i,t}$		
	(1)	(2)	(3)
$Age_{i,t-1}$		0.064*	0.073**
		(0.069)	(0.045)
Cons	-0.756***	-4.029***	-3.713***
	(0.007)	(0.000)	(0.000)
Year	Yes	Yes	Yes
Industry	Yes	Yes	Yes
N	20911	20911	20911
拟合 R^2	0.171	0.205	0.206

注：（1）本表变量定义参考表4-1；（2）所有连续变量均在1%水平上进行缩尾处理；（3）为保证标准误在横截面异方差和序列相关问题上的稳健性，均在公司层面聚类；（4）*、**、***分别表示统计检验在10%、5%和1%水平上显著；（5）本表括号中的值均为p值。

从公司特征方面，经营业绩（*ROA*）与委托理财（*Entrustedinvest*）的回归系数为0.384，但不显著，表明公司的经营业绩与上市公司购买委托理财产品的可能性没有显著相关关系。这可能是一部分上市公司存在着通过较好的经营业绩提高现金持有水平从而进行委托理财投资，还有一部分公司由于主营业务业绩不佳而选择进行委托理财投资，这种混合的行为导致其结果不显著。股权融资（*Equityfinance*）的回归系数为0.268，且在1%水平上显著，表明当公司的权益融资水平越高时，上市公司购买委托理财产品的可能性越高。另外，债权融资（*Loan*）的相关性系数为-0.076，但不显著。正如假设中所描述的，上市公司将权益融资募集获得的部分资金转换为闲置资金，然后将其用于委托理财，但是对于债权人来讲，其更加关注风险导致对借出资金的监管更为严格，因此债权融资（*Loan*）的相关性系数为负向不显著。现金比率（*Cash*）的回归性系数为 0.670，且在 1% 水平上显著，表明当公司的现金水平越高时，上市公司购买委托理财产品的可能性越高。结合自由现金流理论（Jensen，1986），上市公司拥有的货币资金越多，其管理层可以控制的现金流量就越多，更有可能进行委托理财。资本支出（*Capex*）的回归性系数为 -1.265，且在 1% 水平上显著，表明当公司的资本支出水平越高时，上市公司购买委托理财产品的可能性越低。当上市公司的资本支出增加时，其资金将会被固定在所投资的长期资产中，难以再变现，因此可以用于其他项目投资的闲置资金相对减少，导致可用于委托理财的资金减少。

在其他一般特征中，也呈现出与委托理财的显著关系。其中，财务杠杆（*Leverage*）与委托理财（*Entrustedinvest*）显著负相关，公司规模（*Size*）和公司年龄（*Age*）与委托理财（*Entrustedinvest*）显著正相关。表明公司的债务比率越低、公司规模越大、公司上市时间越长时，其委托理财的可能性越高。

4.4　进一步研究

式（4-1）研究了相关因素对是否进行委托理财行为的影响，为了进一步研究上市公司购买委托理财产品金额的影响因素，本节对委托理财进行进一步研究。

本节选择 2001 年作为研究的起点，2018 年为本研究开始时可获取数据的最新年份。因此，最初的样本包括 2001—2018 年在中国上交所和深交所上市的所有购买委托理财产品的A股公司。并通过如下筛选：（1）删除金融行业的公司（例如，银行、基金公司、证券公司、信托公司等）；（2）删除财务杠杆大于1的观测值；（3）删除存在缺失值的观测值。最终得到4098条“公司—年份”观测值，所有数据均来自国泰安（CSMAR）数据库。

为了进一步检验对委托理财规模的影响，本节设计OLS模型，具体如式（4-2）所示：

$$Entrustedamount_{i,t} = \alpha_0 + \alpha_1 Rate_{i,t} + \alpha_2 SOE_{i,t-1} + \alpha_3 Boardsize_{i,t-1} + \alpha_4 Independence_{i,t-1} + \alpha_5 Manager_{i,t-1} + \alpha_6 Duality_{i,t-1} + \alpha_7 Mufund_{i,t-1} + \alpha_8 ROA_{i,t-1} + \alpha_9 Equityfinance_{i,t-1} + \alpha_{10} Loan_{i,t-1} + \alpha_{11} Cash_{i,t-1} + \alpha_{12} Capex_{i,t-1} + \alpha_{13} Growth_{i,t-1} + \alpha_{14} Leverage_{i,t-1} + \alpha_{15} Size_{i,t-1} + \alpha_{16} Age_{i,t-1} + \sum Industry + \sum Year + \varepsilon_{i,t} \quad \text{式（4-2）}$$

其中，α_i 表示回归系数，$\varepsilon_{i,t}$为残差。因变量 *Entrustedamount* 是所有具有委托理财业务的上市公司在该年度进行委托理财的额度。除4.1部分分析的公司层面影响因素外，在模型中加入行业和年度哑变量分别控制行业和年份效应的影响。为了减少可能存在的内生性问题，除理财利息（*Rate*）变量外，将所有的自变量滞后一期后进行回归。连续变量均在1%水平上进行了缩尾处理。在式（4-2）中同样控制了年度和行业效应，并使用滞后一期的自变量。

为了解决由于直接将委托理财金额相加得到结果的不合理问题，通过按照期间的长短进行加权计算，并分别用除以资产总额和取对数的方法降低极端值和异方差问题。在控制变量中，增加了可能影响委托理财金额的理财利息（*Rate*）变量，为通过期间的长短进行加权计算的综合理财利息收益率。

具体的回归结果如表4-5所示。第（1）列为除以资产规模的计算方法得到的回归结果，第（2）列为通过取自然对数获得的结果。其中，理财利率（*Rate*）的回归系数分别为0.003和0.339，均在1%水平上显著，表明委托理财金额明显会受到其收益大小的影响，当公司可能获得的收益越高时，委托理财的金额相对越多。产权性质（*SOE*）的相关系数为分别-0.003和0.067，前者在5%水平上显著，后者不显著，总体表明当公司为国有企业时，上市公司购买委托理财产品的金额越低。如同研究假设部分的论述，即国有企业肩负的社会责任和管理层经常由政府任命导致其购买委托理财产品金额降低。第（2）列中独立董事（*Independence*）的回归系数为0.890，且在10%水平上显著，表明当公司的独立董事比例越高时，上市公司购买委托理财产品的金额越多，不符合预期。第（1）列中管理层持股（*Manager*）的回归系数为-0.008，且在1%水平上显著，表明当公司的管理层持股比例越高时，上市公司购买委托理财产品的金额越低，第（2）列中管理层持股（*Manager*）的回归系数为-0.058，但不显著，总体表明在中国的上市公司中，管理层持股行为起到的是降低代理问题加剧、提高股东价值的作用，管理层持股行为降低了上市公司购买委托理财产品的金额。

公司特征方面，经营业绩（*ROA*）与委托理财金额（*Entrustedamout*）的回归系数分别为-0.000和0.963，后者在5%水平上显著，表明公司的经营业绩越好，上市公司购买委托理财产品的金额越高。在是否购买委托理财产品的影响因素中，讲到其不显著相关的原因可能是一部分上市公司存在着通过较好的经营业绩提高现金持有水平从而进行委托理财投资，还有一部分公司由于主营业务业绩不佳而选择进行委托理财投资，这种混合的行为导致其结果不显著，但在这里，出现正显著的原因可能是由于样本中均为购买委托理财产品的公司，当有更好的业绩时，其可能会购买更多的委托理财产品。股权融资（*Equityfinance*）的回归系数分别为0.002和0.800，后者在1%水平上显著，表明当公司的权益融资水平越高时，上市公司购买委托理财产品的金额越高。另外，债权融资（*Loan*）的相关性系数分别为-0.022和-1.170，分别在10%和5%水平上显著。正如假设中所描述的，上市公司将权益融资募集获得的部分资金转换为闲置资金，然后将其用于委托理财，但是对于债权人来讲，其更加关注风险导致对借出资金的监管更为严格，当公司有较多的债务压力时，可能优先将债务用于还债而非用于委托理财，因此债权融资（*Loan*）的相关性系数为负向且显著。资本支出（*Capex*）的回归系数分别为-0.035和-0.964，分别在1%和5%水平上显著，表明当公司的资本支出水平越高时，上市公司购买委托理财产品的金额越低。当上市公司的资本支出增加时，其资金将会被固定在所投资的长期资产中，难以再变现，因此可以用于其他项目投资的闲置资金相对减少，导致可用于委托理财的资金减少。

在其他一般特征中，也呈现出与委托理财的显著关系。其中，财务杠杆（*Leverage*）与委托理财金额（*Entrustedamout*）显著负相关，公司规模（*Size*）和公司年龄（*Age*）与委托理财金额（*Entrustedamout*）显著正相关。表明公司的债务比率越少、公司规模越大、公司上市时间越长时，其委托理财的可能性越高。

可以看出，与购买委托理财产品的问题不同，当选择了所有购买委托理财产品的公司后，其影响因素的结果稍微有些不同。与委托理财发生可能性的结果相比，购买委托理财产品的金额更多受到公司财务特征方面的影响，而非公司监督活动方面的影响，特别是在分析其原因时，购买委托理财产品的金额更多受到收益的多少和上市公司持有资金量的大小。因此，公司购买委托理财产品的参与行为更多受到各方面力量的约束和监督，其购买金额的多少则更多受到上市公司自身资金情况的影响。

表 4－5　　　　委托理财金额影响因素回归结果

	$Entrustedamout_{i,t}$	
	(1)	(2)
$Rate_{i,t-1}$	0.003***	0.339***
	(0.000)	(0.000)
$SOE_{i,t-1}$	-0.003**	0.067
	(0.035)	(0.256)
$Boardsize_{i,t-1}$	0.004	0.157
	(0.280)	(0.333)
$Independence_{i,t-1}$	0.007	0.890*
	(0.544)	(0.086)
$Manager_{i,t-1}$	-0.008***	-0.058
	(0.005)	(0.656)
$Duality_{i,t-1}$	0.000	0.008
	(0.721)	(0.877)
$Mufund_{i,t-1}$	0.011	0.363
	(0.233)	(0.400)
$ROA_{i,t-1}$	-0.000	0.963**
	(0.984)	(0.047)
$Equityfinance_{i,t-1}$	0.002	0.800***
	(0.443)	(0.000)
$Loan_{i,t-1}$	-0.022*	-1.170**
	(0.054)	(0.022)
$Cash_{i,t-1}$	0.002	0.579
	(0.824)	(0.116)

续表

	$Entrustedamout_{i,t}$	
	(1)	(2)
$Capex_{i,t-1}$	-0.035***	-0.964**
	(0.001)	(0.049)
$Growth_{i,t-1}$	-0.001	-0.088**
	(0.383)	(0.027)
$Leverage_{i,t-1}$	-0.005	-1.531***
	(0.163)	(0.000)
$Size_{i,t-1}$	0.003***	0.559***
	(0.000)	(0.000)
$Age_{i,t-1}$	0.006***	0.022
	(0.000)	(0.761)
Cons	0.058***	3.098***
	(0.003)	(0.001)
Year	Yes	Yes
Industry	Yes	Yes
N	4098	4098
调整 R^2	0.070	0.255

注：(1) 本表变量定义参考表4-1；(2) 所有连续变量均在1%水平上进行缩尾处理；(3) 为保证标准误在横截面异方差和序列相关问题上的稳健性，均在公司层面聚类；(4) *、**、*** 分别表示统计检验在10%、5%和1%水平上显著；(5) 本表括号中的值均为p值。

4.5 本章小结

本章研究了购买委托理财产品的影响因素，分别从公司内部结构特征和财务特征两个方面，采用 2001—2018 年中国沪深 A 股上市公司的样本研究发现，在公司内部结构特征方面，当上市公司为非国有企业、董事会规模较低、独立董事比例较低、管理层持股比例较低、存在两职合一的情况时，上市公司购买委托理财产品的可能性越大。在财务特征方面，当上市公司的股权融资越多、现金流越多、资本支出越少时，上市公司购买委托理财产品的可能性越高。因此，上市公司在其公司治理结构较差、现金持有水平较高时，其购买委托理财产品的可能性越高。

进一步研究中，本章分析了购买委托理财产品的公司中，其购买委托理财产品金额大小的影响因素，采用 2001—2018 年中国沪深 A 股中购买委托理财产品上市公司的样本研究发现，当上市公司为非国有企业、管理层持股比例较低时，上市公司购买委托理财产品的金额越高，但不同的衡量方式得到的结果不一致。在公司特征方面，当上市公司的经营业绩越好、股权融资越多、债权融资越低、资本支出越少时，上市公司购买委托理财产品的金额越高，另外，委托理财产品的收益情况明显影响上市公司购买委托理财产品的金额，当委托理财产品的收益越高时，上市公司购买委托理财产品的金额越高。通过与购买委托理财产品发生可能性的影响因素相比，购买委托理财产品金额的大小更多受到上市公司自身现金持有水平情况的影响。总体来讲，公司的治理结构更多地是影响委托理财投资的行为发生，而现金持有水平更多影响其投资金额的大小。

第5章 上市公司委托理财的市场反应

5.1 理论分析

基于市场有效性的理论，在假设市场是有效的基础上，市场事件的发生均反映在价格上。即市场反应主要体现为市场股票价格的波动，市场对某个事件的价格波动表达了投资者对某个公告的整体看法。通过对证券价格变化的观察，得出某一事件对经济的影响。例如，对于没有事件发生的市场，其股票价格应为平稳的，但当市场上某一事件发生时，则会引起股票价格剧烈变动。如果在这一期间内股票的价格超过了预期的理论水平，在接下来的时间再以反向修正的方式回到其原有的价格上，则说明其原有的价格超过了预期的理论水平，为一种过度反应行为。

当公司发布委托理财公告时，上市公司通过股价的波动反映到对应上市公司的股票价格上，即市场对委托理财行为的整体看法。但是超额累计收益仅能表明在短期内（小于 10 天）市场对委托理财行为的看法，并且中国的市场投资者更多采用投机的方式，具有投资期短的特点，这将导致市场对委托理财行为公告的反应仅代表了短期的视角。

5.2 研究设计

5.2.1 样本选择与数据来源

为检验委托理财引起的市场反应，本章手工搜集了公司购买委托理财产品的公告。具体地，首先，利用巨潮资讯网在年报中披露购买委托理财产品公司的公告中搜索“委托理财”“理财”等关键词，得到购买委托理财产品的公司和所对应的购买委托理财产品的年份；其次，在这些年报披露购买委托理财产品的公司中通过查找“委托理财”“理财”等关键词，查找购买委托理财产品的公告；最后，将这些公告进行筛选，保留内容确实为公司购买某项理财决定的公告①。为了降低前后事件窗口内某些事件对观测样本收益率的影响，本章删除在5个交易日内发布两次及以上公告的公司②，并删除收益率为缺失值的样本。最终包括1553个委托理财公告。本章数据来源于国泰安（CSMAR）数据库。

---

① 上市公司有关理财公告可以具体分为以下几种类型：（1）有关委托理财相关的制度流程；（2）有关委托理财未来的投资计划（并即将付出行动）以及购买情况；（3）有关委托理财资金赎回和收益情况、进程公告等；（4）有关不同层级（例如，独立董事）对公司委托理财行为的执行意见。为了观测市场对上市公司开始购买委托理财行为的反应，仅选取第（2）种类型的公告作为样本。同时，对于在第（2）种类型的公告中同时披露了过去期间委托理财执行情况的公告予以剔除。

② 同时包括了对上市公司其他有关理财行为的公告，即考虑了由于提前披露其他类型的公告导致的无法捕捉理财公告披露当日市场反应的可能。

5.2.2 模型设计

本章采用事件研究法，以观测委托理财公告引起的超额累积报酬（CAR），从而判断委托理财的市场反应。根据 Brown 和 Warner's（1985）的市场调整模型定义超额累积报酬率，如式（5-1）所示。

$$CAR_i[t_1,t_2] = \sum_{t=t_1}^{t_2}(R_{it} - R_{Mt}) \qquad 式（5-1）$$

其中，R_{it}和R_{Mt}分别为t交易日中i公司的回报率和市场回报率，其中市场回报率采用各市场的总市值加权平均回报率①，$CAR_i[t_1,t_2]$即为$[t_1,t_2]$窗口期内累积的超额回报率，分别包含了[-1, 0]、[0, +1]、[-1, +1]、[-3, +3]和[-5, +5]5个窗口期。通过计算发布委托理财公告前后窗口期的累积超额回报率的均值和中位数，以检验市场对委托理财的反应。

5.3 实证分析

5.3.1 样本分布

本书对委托理财公告的情况进行了描述性统计，具体情况如表5-1所示。本章共搜集了2001—2018年中国A股上市公司的1553

① 采用各市场的流通市值加权平均回报率、综合市场的流通市值和总市值加权平均回报率所得结果与此结果大致相同。

份委托理财公告，不同公告对委托理财产品的金额、资金来源、受托方机构、产品类型进行了披露，其中，上市公司的委托理财公告中预计或执行委托理财的金额平均为 7.374 亿元，表明上市公司购买委托理财的金额较高。《上市公司监管指引第 2 号——上市公司募集资金管理和使用的监管要求》中指出，上市公司暂时闲置的募集资金可进行现金管理，其投资的产品须符合安全性高和流动性好的条件，并经上市公司董事会审议通过，独立董事、监事会、保荐机构应发表同意意见。因此资金来源情况自 2013 年开始存在自由闲置资金和募集闲置资金两种情况。在本书中共有1298份公告披露了上市公司购买委托理财产品的资金来源情况，其中，83% 的公告表明使用自有闲置资金购买委托理财产品。关于理财机构的选择方面，共计 1185 份公告明确披露了委托理财实施的机构情况，其中只选择银行作为投资机构的公告占 77.5%，即 918 份公告表明该公司仅购买银行发行的委托理财产品。另外，明确披露购买理财产品保本情况的公告较少，仅 634 份。

表 5 - 1　　委托理财公告描述性统计

项目	观测值	平均值
金额（亿元）	1537	7.374
自有闲置资金	1298	0.830
银行理财产品	1185	0.775
保本理财产品	634	0.964

5.3.2　计算结果

表 5 - 2 报告了不同窗口期的超额累积报酬。其中，在[-1,0]的

累积超额回报率的均值为0.0014，中位数为-0.0026，均值检验的P值为0.280，不显著。[0，+1]的累积超额回报率的均值为0.0052，中位数为0.0001，均值检验的P值为0.002，在1%水平上显著异于0。[-1，+1]的累积超额回报率的均值为0.0049，中位数为-0.0012，均值检验的P值为0.008，在1%水平上显著异于0。[-3，+3]的累积超额回报率的均值为0.0093，中位数为0.0008，均值检验的P值为0.000，在1%水平上显著异于0。[-5，+5]的累积超额回报率的均值为0.0090，中位数为0.0014，均值检验的P值为0.013，在1%水平上显著异于0。总体而言，除第1个窗口期外，其他均值都显著异于0，表明投资者可以通过委托理财公告获得超额收益报酬，5个窗口期的超额累积均值均为正数，且显著异于0，表明公司购买委托理财公告引起了市场的反应，因此投资者能够根据委托理财公告对上市公司的行为进行投资决策，获得超额收益。

表5-2　委托理财公告超额累积报酬

	CARs		
事件窗口	均值	中位数	P-value
[-1,0]	0.0014	-0.0026	0.280
[0,+1]	0.0052	0.0001	0.002***
[-1,+1]	0.0049	-0.0012	0.008***
[-3,+3]	0.0093	0.0008	0.000***
[-5,+5]	0.0090	0.0014	0.013**

注：*、**、***分别表示统计检验在10%、5%和1%水平上显著。

5.4　进一步分析

本节将根据上市公司委托理财公告披露的具体信息，进一步细分样本，分别研究委托理财公告披露的金额、资金来源情况以及机构类型对委托理财市场反应的影响。

5.4.1　委托理财金额与市场反应

委托理财公告披露的金额可能影响市场对委托理财公告的反应。本节通过计算委托理财金额与不同窗口期的超额累计收益的 Pearson 相关系数，以观察委托理财金额对委托理财公告的反应。

本节选取了披露委托理财金额的 1537 个样本。表 5 - 3 报告了委托理财金额与不同窗口期超额累积收益的 Pearson 相关系数结果。其中，[-1,0]窗口的累积超额回报率与委托理财金额的相关系数为 0.0437，Z 统计量检验的 P 值为 0.087，在 10% 水平上显著异于 0。[0, +1]窗口的累积超额回报率与委托理财金额的相关系数为 0.0364，Z 统计量检验的 P 值为 0.094，在 10% 水平上显著异于 0。[-1, +1]窗口的累积超额回报率与委托理财金额的相关系数为 0.0506，Z 统计量检验的 P 值为 0.047，在 5% 水平上显著异于 0。[-3, +3]窗口的累积超额回报率与委托理财金额的相关系数为 0.0457，Z 统计量检验的 P 值为 0.073，在 10% 水平上显著异于 0。[-5, +5]窗口的累积超额回报率与委托理财金额的相关系数为 0.0236，其 P 值为 0.156，但不显著。总体而言，除[-5, +5]窗口期外，其他均值都显著异于0，当上市公司披露的委托理财执行公告中的委托理财金额越大时，市场对该公告的反应更加强烈，可获得的累积超额收益报酬越高。从侧面表明公司购买委托理财产品公告中的金额信息会引起不同程度的市场反应，投资者通过公告信息进行有关的投资决策，可获得超额收益。

表 5-3　　委托理财金额与市场反应

CAR	相关系数	P-value
[-1,0]	0.0437	0.087*
[0, +1]	0.0364	0.094*
[-1, +1]	0.0506	0.047**
[-3, +3]	0.0457	0.073*
[-5, +5]	0.0236	0.156

注：*、**、*** 分别表示统计检验在 10%、5% 和 1% 水平上显著。

5.4.2 委托理财资金来源与市场反应

本节探讨委托理财资金来源不同导致的公告期间超额累积收益的不同。

《上市公司监管指引第 2 号——上市公司募集资金管理和使用的监管要求》中指出，上市公司暂时闲置的募集资金可进行现金管理，其投资的产品须符合安全性高和流动性好的条件，并经上市公司董事会审议通过，独立董事、监事会、保荐机构发表明确同意意见。因此资金来源情况自 2013 年开始存在自由闲置资金和募集闲置资金两种情况。在本书中共有 1298 份公告披露了上市公司购买委托理财产品的资金来源情况，共计 1077 份公告披露了使用自有闲置资金购买理财产品，另有221份委托理财公告表明使用闲置募集资金购买理财产品。通过对比这两种公告的均值并进行均值检验，能够得到上市公司委托理财资金来源对市场反应的影响。

表5－4报告了上市公司委托理财资金来源对不同窗口市场反应的计算结果。其中，在[－1,0]的窗口中，使用闲置自有资金购买委托理财产品的累积超额回报率的均值为0.0021，使用闲置募集资金购买委托理财产品的累积超额回报率的均值为0.0002，均值检验的P值为0.261，不显著。在[－1,0]的窗口中，使用闲置自有资金购买委托理财产品的累积超额回报率的均值为0.0045，使用闲置募集资金购买委托理财产品的累积超额回报率的均值为－0.0010，组间均值检验的P值为0.078，在10%水平上显著异于0。在[－1，+1]的窗口中，使用闲置自有资金购买委托理财产品的累积超额回报率的均值为0.0050，使用闲置募集资金购买委托理财产品的累积超额回报率的均值为－0.0012，组间均值检验的P值为0.070，在10%水平上显著异于0。在[－3，+3]的窗口中，使用闲置自有资金购买委托理财产品的累积超额回报率的均值为0.0103，使用闲置募集资金购买委托理财产品的累积超额回报率的均值为－0.0031，均值检验的P值为0.018，在5%水平上显著异于0。在[－5，+5]的窗口中，使用闲置自有资金购买委托理财产品的累积超额回报率的均值为0.0115，使用闲置募集资金购买委托理财产品的累积超额回报率的均值为－0.0060，均值检验的P值为0.017，在5%水平上显著异于0。总体而言，除第1个窗口期外，其他组间的均值检验都显著异于0，并且表明使用闲置自有资金购买委托理财产品的累积超额回报率均高于使用闲置募集资金购买委托理财产品的累积超额回报率，这表明对于投资者来讲，使用

募集资金购买委托理财产品的行为是不被认可的，并且其累积超额回报率为负。此外，通过 Z 统计量检验发现，使用闲置募集资金购买委托理财产品的行为在多期中累积超额回报率为显著异于 0，这表明市场投资者并不“买单”这种将闲置的募集资金购买委托理财产品的行为，与使用闲置自有资金购买委托理财产品的累积超额回报率有显著差距①。

表 5-4　　不同资金来源委托理财市场反应

CAR	闲置自有资金	闲置募集资金	P-value
[-1,0]	0.0021	0.0002	0.261
[0, +1]	0.0045	-0.0010	0.078*
[-1, +1]	0.0050	-0.0012	0.070*
[-3, +3]	0.0103	-0.0031	0.018**
[-5, +5]	0.0115	-0.0060	0.017**

注：*、**、*** 分别表示统计检验在 10%、5% 和 1% 水平上显著。

5.4.3　委托理财委托机构与市场反应

本节探讨不同委托理财产品受托机构不同导致的公告期间超额累积收益的差异。上市公司在购买委托理财产品时，可以选择不同的机构。在本书的委托理财界定部分，受托金融机构主要包括银行、证券公司、资产管理公司、信托公司等。在公告的样本分布中，共计 1185 份公告明确披露了委托理财实施的机构情况，其中

① 这一计算结果可能会受到不均衡样本数量差距的影响（1077：221），这一问题将在第 8 章研究局限和未来展望部分作进一步讨论。

只选择银行作为投资机构的公告有918份，其余267份公告是购买证券公司、资产管理公司、信托公司等的理财产品。因此选取这1185份委托理财公告，将其分为银行组（918份）和非银行组（267份），比较其超额累积回报率。

表5-5报告了上市公司来源于不同机构的委托理财产品在不同窗口市场反应的计算结果。其中，在[-1,0]的窗口中，购买银行委托理财产品的累积超额回报率的均值为0.0037，购买非银行委托理财产品的累积超额回报率的均值为0.0007，均值检验的P值为0.153，不显著。在[0,+1]的窗口中，购买银行委托理财产品的累积超额回报率的均值为0.0044，购买非银行委托理财产品的累积超额回报率的均值为0.0051，均值检验的P值为0.575，不显著。在[-1,+1]的窗口中，购买银行委托理财产品的累积超额回报率的均值为0.0062，购买非银行委托理财产品的累积超额回报率的均值为0.0027，均值检验的P值为0.197，不显著。在[-3,+3]的窗口中，购买银行委托理财产品的累积超额回报率的均值为0.0094，购买非银行委托理财产品的累积超额回报率的均值为0.0075，均值检验的P值为0.374，不显著。在[-5,+5]的窗口中，购买银行委托理财产品的累积超额回报率的均值为0.0084，购买非银行委托理财产品的累积超额回报率的均值为0.0140，均值检验的P值为0.764，不显著。总体而言，所有窗口期的组间的均值均不显著异于0，表明上市公司购买委托理财的机构选择并不是影响上市公司委托理财公司市场反应的因素①。这很

① 这一计算结果可能会受到不均衡样本数量差距的影响（918：267），这一问题将在第8章研究局限和未来展望部分作进一步讨论。

可能是由于随着中国资本市场的发展，不同的金融机构也在蓬勃发展，以银行为主的金融市场结构下，证券公司、信托公司、资产管理公司等也得到不断的发展和认可，导致不同机构发行的理财产品并没有引起市场的反应差异。

表 5 -5　　不同机构的委托理财市场反应

CAR	银行	非银行	P - value
[-1,0]	0.0037	0.0007	0.153
[0, +1]	0.0044	0.0051	0.575
[-1, +1]	0.0062	0.0027	0.197
[-3, +3]	0.0094	0.0075	0.374
[-5, +5]	0.0084	0.0140	0.764

注：*、**、*** 分别表示统计检验在 10%、5% 和 1% 水平上显著。

5.5　本章小结

本章研究了中国资本市场对上市公司购买委托理财产品行为的反应，根据市场有效理论，市场反应主要体现为市场股票价格的波动，市场对某个事件的价格波动表达了投资者对某个公告的整体看法，通过对证券价格变化的观察，得出某一事件对经济的影响。本章收集了上市公司共计 1553 份委托理财公告，通过计算其超额累积收益率，发现 CAR[0, +1]、CAR[-1, +1]、CAR[-3, +3]、CAR[-5, +5]的均值全部为正，且显著异于 0。这说明中国资本市场可以通过上市公司的委托理财行为公告获得正的超额累积收益。

另外，在进一步研究中发现，上市公司委托理财公告的市场反应受到其委托理财金额和资金来源的影响。具体地，上市公司委托理财公告中披露的委托理财金额越高，其超额累积报酬率越高，市场反应越剧烈。与使用自有闲置资金购买委托理财产品的公司相比，使用募集闲置资金购买委托理财产品的超额累积报酬率为负，且明显较低。另外，委托理财公告的市场反应不受产品来源的机构类型的影响，购买银行和非银行理财产品公告的累积报酬率没有显著性差异。

值得注意的是，在本书的第4章中指出，在上市公司的内部治理结构较不均衡、现金持有比例较高时，其委托理财的可能性越高，因此第4章的结论将上市公司的理财行为更多归结为公司的短期机会主义行为。而本章的研究发现，中国资本市场可以通过上市公司的委托理财行为公告获得正的超额累积收益，市场对公司理财的反应为正向的，这种结论的不一致性是由于超额累积收益仅能表明在短期内（小于10天）市场对委托理财行为的看法，而第4章中关于上市公司影响因素的分析更多是对公司长期状态的分析，二者并不矛盾。并且，中国的市场投资者更多采用投机的方式，具有投资期短的特点，这将导致市场对委托理财行为公告的反应仅代表了市场投资者短期的视角①。结合后文的研究结论，具体将在第8章进行讨论。

① 为了确保结论的可信度，笔者搜索了“上市公司购买理财是利好还是利空”相关问题，有的网友回复为“投资理财产品，收益率不高，可以赚点钱，算是小利好”（https：//zhidao. baidu. com/question/428917513. html），还有人认为“公司用闲置资金购买理财产品，应该是偏利好的事件：这是融资行为，是稳健的投资决策，以提高资金的利用率”（https：//www. huicaiba. com/ask/2864297. html），由此可以看出市场投资者对委托理财行为的态度。

本节通过搜集上市公司委托理财的公告、计算超额累积收益率，发现市场的投资者可以通过委托理财信息获得超额累积收益，这一发现为投资者如何投资决策提供了一定的参考。另外，上市公司委托理财公告的细节信息会影响市场对公告反应程度的大小和方向，这提示有关监管者应加强完善相关的信息披露制度，严格监督披露的执行情况，对于不合规的披露以及虚假陈述应予以惩罚，这有助于提高信息的透明度，促进市场内部有价证券的流动。

第 6 章

上市公司委托理财与公司业绩

尽管委托理财存在风险，但近年来从事委托理财的公司还是越来越多，且委托理财的数额越来越大。随着委托理财的法律纠纷案件越来越多，对于发生委托理财有关法律案件纠纷的上市公司来讲，委托理财投资行为可能会导致其本金的亏损。在投资失败情况下，上市公司不仅不能获得投资回报，而且不能收回本金。对其他看似正常获得理财收益的公司，仅仅是获得短期的收益那么简单吗？学术界对此进行了讨论，如陈湘永和丁楹（2002）认为，委托理财投资回报面临极大的不确定性，尽管有些公司是在提高利润的目的下进行委托理财，但是上市公司将巨额资金用于委托理财，必然会影响主业的发展，这种短期的赚钱效应可能会引起依赖。但目前文献尚未对委托理财与公司业绩的关系进行系统的研究，因此，本章研究上市公司委托理财对公司业绩的影响，具体从短期和长期业绩两个角度出发。

本章的安排如下：第一部分结合已有文献，对上市公司购买委托理财产品和公司业绩的关系提出假设。第二部分结合研究假设进行研究设计，具体包括样本选择和数据来源、模型设计以及变量定义三个方面。第三部分根据研究设计进行实证分析，并进行稳健性检验。第四部分，进一步讨论了上市公司委托理财和公司业绩在不同情况下二者关系的变化，最后得出本章结论。

6.1 假设发展

上市公司进行委托理财的最基本动因是获取投资收益，提升公司业绩（陈湘永等，2002）。公司进行委托理财能够固定部分收益，增加企业业绩的稳定性，降低公司的盈余波动性和经营风险（孙健等，2016）。为提高资金的利用效率，当上市公司拥有闲置的自有或募集资金时，可能会考虑将资金委托于银行等金融机构进行理财，达到提升公司业绩的目的。陈湘永和丁楹（2002）认为，委托理财投资回报面临极大的不确定性，尽管有些公司是在提高利润的目的下进行委托理财，但是上市公司将巨额资金用于委托理财，必然会影响主业的发展，这种短期的赚钱效应可能会引起依赖，使上市公司真正的主业发展缓慢，不利于长远发展。

上市公司的运营重心应放在主营业务研发和生产上，如果上市公司将大量资金用于委托理财业务以获取短期收益，可能不利于公司的长期价值增长。已有研究表明，主业低迷的情况下，上市公司更具有进行委托理财的动机，投资收益正成为部分主业低迷公司的主要利润来源（周长青，2011），主营业绩较差的公司为了粉饰业绩更倾向于进行委托理财（侯毅，2004），理财规模更大（王展飞，2006）。利用委托理财业务获取投资收益，可能在短期内粉饰公司业绩；但长期来看，公司将资金用于委托理财业务投资，占用了本应用于产品研发和生产的资金，可能使公司的研发投入减少，创新产出降低，进一步影响公司的主营业务和市场地位。因此，委托理财可能是一种短视行为，只能为上市公司带来短期业绩提升，长期来看，可能并不能提升公司业绩。基于以上讨论，本书提出如下假设：

H1：上市公司进行委托理财能提升公司短期业绩。

H2：上市公司进行委托理财无法提升公司长期业绩。

6.2　研究设计

本节按照 6.1 部分的内容进行研究设计，以验证上市公司购买委托理财产品对公司业绩的影响。本节主要介绍了样本选择和数据来源，并参考已有文献进行模型设计，最后对变量进行定义。

6.2.1　样本选择与数据来源

《证监会关于上市公司 2001 年中期报告披露工作有关问题的通知》中规定："如公司在报告期内存在委托理财事项，公司董事会应作为重大事项披露委托理财协议的具体内容、委托理财的收益情况、并说明委托理财行为是否经过法定的审议程序"。这是我国证监会首次要求上市公司披露委托理财业务的相关信息。因此，本书选择 2001 年作为样本期间的起点，2018 年为本研究开始时可获取数据的最新年份。本书最初的样本包括 2001—2018 年在中国上交所和深交所上市的所有 A 股公司，并通过如下筛选：（1）删除金融行业的公司（例如，银行、基金公司、证券公司、信托公司等）；（2）删除财务杠杆大于 1 的观测值；（3）删除存在缺失值的观测值。最终得到22476条“公司—年份”观测值，涉及2493家上市公司。所有数据均来自国泰安（CSMAR）数据库。

6.2.2 模型设计

为了检验委托理财与公司业绩的关系，参考已有研究（Anderson and Reeb，2003；Maury，2006），模型设计如式（6－1）所示：

$$ROA_{i,t} = \alpha_0 + \alpha_1 Entrustedinvest_{i,t-1} + \alpha_2 SOE_{i,t-1} + \alpha_3 Boardsize_{i,t-1} + \alpha_4 Duality_{i,t-1} + \alpha_5 Mufund_{i,t-1} + \alpha_6 Growth_{i,t-1} + \alpha_7 Leverage_{i,t-1} + \alpha_8 Size_{i,t-1} + \alpha_9 Age_{i,t-1} + \sum Industry + \sum Year + \varepsilon_{i,t} \quad 式（6-1）$$

其中，α_i 表示回归系数，$\varepsilon_{i,t}$为残差。$ROA_{i,t}$表示因变量，为公司当期的经营业绩。$Entrustedinvest_{i,t-1}$为主要测试的自变量，表示公司当年是否购买委托理财产品。其余为控制变量。考虑到不同行业和年份的影响，加入行业和年份哑变量以控制行业和年份效应。另外，采用滞后一期的自变量和当期因变量进行回归以降低潜在的内生性问题，连续变量均在1%水平上进行了缩尾处理。

6.2.3 变量定义

（1）因变量：经营业绩

参考已有研究（Anderson and Reeb，2003；Maury，2006），本节以上市公司当年的资产回报率作为衡量业绩的标准。该数值越大，表明上市公司当年的业绩越好。

（2）自变量：委托理财

结合本书的研究，选用上市公司当年是否购买委托理财产品进行衡量，当年公司购买委托理财产品时，取值为1，否则为0。

（3）控制变量

参考已有研究（Anderson and Reeb，2003；Maury，2006），选用以下变量作为控制变量：产权性质（*SOE*，公司的实质控制人为国有时取值为1，否则为0）、董事会规模（*Boardsize*，公司董事会人数总数加1的自然对数）、两职合一（*Duality*，公司的董事长同时兼任总经理时，取值为1，否则为0）、基金公司持股（*Mufund*，基金公司持有该公司股票数占总股票数的比例）、成长性（*Growth*，公司当年营业收入总额与上一年营业收入总额的差额除以上一年营业收入总额）、财务杠杆（*Leverage*，公司的负债总额与资产总额的比值）、公司规模（*Size*，公司资产总额的自然对数）、公司年龄（*Age*，当年减去上市公司成立年份加1的自然对数）。相关变量定义如表6-1所示。

表6-1　委托理财与公司业绩变量定义表

变量	符号	定义
经营业绩	*ROA*	公司当年资产回报率，用当年净利润除以总资产
委托理财	*Entrustedinvest*	公司当年购买委托理财产品时，取值为1，否则为0
产权性质	*SOE*	公司的实质控制人为国有时取值为1，否则为0
董事会规模	*Boardsize*	公司董事会人数总数加1的自然对数
两职合一	*Duality*	公司的董事长同时兼任总经理时，取值为1，否则为0
基金公司持股	*Mufund*	基金公司持有该公司股票数占总股票数的比例
成长性	*Growth*	公司当年营业收入总额与上一年营业收入总额的差额除以上一年营业收入总额
财务杠杆	*Leverage*	公司的负债总额与资产总额的比值

续表

变量	符号	定义
公司规模	*Size*	公司资产总额的自然对数
公司年龄	*Age*	当年减去上市公司成立年份加1的自然对数
委托理财公司	*NewPurchaser*	虚拟变量，如果企业是委托理财公司，取值为1，否则为0
执行理财	*Post*	如果观测值是在进行委托理财业务年份之后一年，取值为1，之前一年取值为0
独立董事	*Independence*	公司独立董事人数占董事会总人数的比例
管理层持股	*Manager*	公司管理层持有该公司股票数占总股票数的比例
股权融资	*Equityfinance*	公司当年通过首发上市、增发和配股方式融资获得的资金总额除以资产总额
债权融资	*Loan*	公司当年通过银行借入资金总额除以资产总额
现金比率	*Cash*	公司当年的经营活动现金净流量除以资产总额
资本支出	*Capex*	公司购建固定资产、无形资产和其他长期资产支付的现金与处置固定资产、无形资产和其他长期资产回收的现金的差额除以资产总额

6.3 实证分析

本节在6.2部分的研究设计基础上，对上市公司委托理财影响公司业绩的实证结果进行分析。具体地，首先，对样本数据进行描述性统计和分析，其次，测试主要变量的相关性系数，最终得到回归结果并进行分析，得出结论。

6.3.1 描述性统计

描述性统计结果如表6-2所示。经营业绩（*ROA*）的均值为0.036，最小值、最大值分别为-0.238和0.223，表明在观测值中公司平均的资产回报率为3.6%，最低为-23.8%，最高为22.3%，其中，中位数为0.035，基本与均值持平，表明经营业绩（*ROA*）变量的分布较为均衡且差异较大。委托理财（*Entrustedinvest*）的均值为0.188，表明在样本的观测值中，有18.8%的公司在当年进行了委托理财投资，标准差为0.390。

表6-2 委托理财与公司业绩描述性统计结果

变量	观测值	均值	标准差	中位数	最小值	最大值
ROA	22476	0.036	0.067	0.035	-0.238	0.223
Entrustedinvest	22476	0.188	0.390	0.000	0.000	1.000
SOE	22476	0.450	0.497	0.000	0.000	1.000
Boardsize	22476	2.272	0.181	2.303	1.792	2.773
Duality	22476	0.230	0.421	0.000	0.000	1.000
Mufund	22476	0.039	0.061	0.011	0.000	0.281
Growth	22476	0.234	0.601	0.130	-0.658	4.429
Leverage	22476	0.447	0.208	0.450	0.049	0.912
Size	22476	21.821	1.208	21.690	19.210	25.569
Age	22476	2.665	0.397	2.708	1.099	3.367

注：（1）本表变量定义参考表6-1；（2）所有的连续变量均在1%水平上进行缩尾处理。

另外，产权性质（*SOE*）的均值为0.450，表明在样本中平均45.0%的公司其实质控制人为国家，大约占据一半的比重。董事会规模（*Boardsize*）的均值为 2. 272，表明上市公司每年董事会的人数大约为 9 人。两职合一（*Duality*）的均值为 0. 230，表明样本中的上市公司平均有 23% 的董事长同时兼任总经理。基金公司持股（*Mufund*）的均值为 0. 039，表明平均有 3. 9% 的股份由基金公司持有。成长性（*Growth*）均值为 0. 234，表明样本中公司当年的营业收入总额平均增长 23. 4%，体现出较高的增长率。财务杠杆（*Leverage*）的均值为 0. 447，表明公司平均当年的负债总额占资产总额的 44. 7%。公司规模（*Size*）的均值为 21. 821，公司年龄（*Age*）的均值为 2. 665。以上变量与第 4 章的描述性统计结果基本一致。

6. 3. 2 相关性分析

相关性分析的结果如表 6 – 3 所示。左下三角为 Pearson 相关系数，右上三角为 Spearman 相关系数。其中，委托理财（*Entrustedinvest*）和经营业绩（*ROA*）变量 Pearson 和 Spearman 相关性系数为 0. 082 和 0. 099，均在 1% 水平上显著，说明上市公司委托理财与公司的经营业绩存在正相关关系。

其他控制变量中，董事会规模（*Boardsize*）、基金公司持股（*Mufund*）、成长性（*Growth*）、公司规模（*Size*）与经营业绩（*ROA*）相关系数均为正向且显著，表明当公司的董事会规模越大、基金持股比率越高、公司的成长性越好、公司规模越大时，公司的经营水平越高，盈利能力越强。另外，产权性质（*SOE*）、财务杠杆（*Leverage*）和公司年龄（*Age*）均与经营业绩（*ROA*）的相关系数为负向且显著，表示公司的负债比率越大、公司上市时间越长且为国有企业时，其经营业绩较差。

表 6-3　　委托理财与公司业绩相关性系数

		(1)	(2)	(3)	(4)	(5)	(6)	(7)	(8)	(9)	(10)
ROA	(1)	1	0.099 ***	-0.086 ***	0.025 ***	0.020 ***	0.347 ***	0.232 ***	-0.287 ***	0.049 ***	-0.062 ***
Entrustedinvest	(2)	0.082 ***	1	-0.126 ***	-0.097 ***	0.072 ***	0.081 ***	-0.001	-0.183 ***	0.103 ***	0.168 ***
SOE	(3)	-0.052 ***	-0.126 ***	1	0.280 ***	-0.272 ***	-0.031 ***	-0.065 ***	0.270 ***	0.229 ***	0.048 ***
Boardsize	(4)	0.031 ***	-0.094 ***	0.281 ***	1	-0.195 ***	0.050 ***	0.014 **	0.159 ***	0.198 ***	-0.058 ***
Duality	(5)	0.005	0.072 ***	-0.272 ***	-0.185 ***	1	0.016 **	0.025 ***	-0.140 ***	-0.124 ***	-0.038 ***
Mufund	(6)	0.297 ***	-0.020 ***	-0.004	0.065 ***	0.002	1	0.194 ***	-0.054 ***	0.354 ***	0.002
Growth	(7)	0.107 ***	0.008	-0.052 ***	-0.017 ***	0.008	0.057 ***	1	0.025 ***	0.085 ***	-0.105 ***
Leverage	(8)	-0.239 ***	-0.181 ***	0.270 ***	0.159 ***	-0.139 ***	-0.022 ***	0.057 ***	1	0.413 ***	0.134 ***
Size	(9)	0.061 ***	0.099 ***	0.239 ***	0.218 ***	-0.120 ***	0.162 ***	0.058 ***	0.410 ***	1	0.248 ***
Age	(10)	-0.061 ***	0.162 ***	0.054 ***	-0.052 ***	-0.045 ***	-0.062 ***	-0.007	0.148 ***	0.244 ***	1

注：（1）本表变量定义参考表6-1；（2）其中，下三角表示 Pearson 相关系数，上三角表示 Spearman 相关系数；（3）*、**、*** 分别表示统计检验在10%、5%和1%水平上显著。

为检查多重共线性问题，本章计算得出自变量的方差膨胀因子（*Vif*）最大值为1.42，平均值为1.17，并结合相关系数分析结果，表明总体自变量之间的相关性系数较低，即在本章中多重共线性不会构成严重问题。

6.3.3 回归结果分析

表6－4列示了是否进行委托理财（*Entrustedinvest*）与经营业绩（*ROA*）的OLS回归结果。第（1）列和第（2）列分别列示了加入和不加入有关控制变量的结果。其中第（1）列，委托理财（*Entrustedinvest*）与经营业绩（*ROA*）的回归系数为0.018，且在1%水平上显著。第（2）列中，加入控制变量后委托理财（*Entrustedinvest*）与经营业绩（*ROA*）的回归系数为0.009，仍在1%水平上显著。说明进行委托理财与当期业绩存在显著正相关关系，即前一期购买委托理财产品可以提高下一期的经营业绩①。

其他控制变量中，董事会规模（*Boardsize*）、基金公司持股（*Mufund*）、成长性（*Growth*）、公司规模（*Size*）与经营业绩（*ROA*）相关系数均为正向且显著，表明当公司的董事会规模越大、基金持股比率越高、公司的成长性越好、公司规模越大时，公司的经营水平越高，盈利能力越强。另外，产权性质（*SOE*）和财务杠杆（*Leverage*）均与经营业绩（*ROA*）负向且显著，表示公司的负债比率越大且为国有企业时，其经营业绩较差。

---

① 本书另计算了上市公司委托理财金额对经营业绩的影响，其所得结论与原有结果保持一致。

表 6－4　　　委托理财与经营业绩回归结果

	$ROA_{i,t}$	
	(1)	(2)
$Entrustedinvest_{i,t-1}$	0.018 ***	0.009 ***
	(0.000)	(0.000)
$SOE_{i,t-1}$		−0.005 ***
		(0.002)
$Boardsize_{i,t-1}$		0.008 **
		(0.049)
$Duality_{i,t-1}$		−0.002
		(0.278)
$Mufund_{i,t-1}$		0.283 ***
		(0.000)
$Growth_{i,t-1}$		0.011 ***
		(0.000)
$Leverage_{i,t-1}$		−0.101 ***
		(0.000)
$Size_{i,t-1}$		0.008 ***
		(0.000)
$Age_{i,t-1}$		−0.003
		(0.195)
$Cons_{i,t-1}$	−0.019 **	−0.148 ***
	(0.033)	(0.000)
Year	Yes	Yes
Industry	Yes	Yes
N	22476	22476
调整 R^2	0.037	0.199

注：(1) 本表变量定义参考表 6－1；(2) 所有连续变量均在 1% 水平上进行缩尾处理；(3) 为保证标准误在横截面异方差和序列相关问题上的稳健性，均在公司层面聚类；(4) *、**、*** 分别表示统计检验在 10%、5% 和 1% 水平上显著；(5) 本表括号中的值均为 p 值。

为进一步检验委托理财与经营业绩的关系，分别将委托理财的前一期与公司业绩的当期、未来一期、未来二期、未来三期、未来四期进行回归，分别表示为 $ROA_{i,t}$、$ROA_{i,t+1}$、$ROA_{i,t+2}$、$ROA_{i,t+3}$、$ROA_{i,t+4}$，以观察委托理财对不同期间内公司业绩的影响。

回归结果如表 6－5 所示。第（1）列、第（2）列、第（3）列、第（4）列、第（5）列分别列示了当因变量为 $ROA_{i,t}$、$ROA_{i,t+1}$、$ROA_{i,t+2}$、$ROA_{i,t+3}$、$ROA_{i,t+4}$时，委托理财对不同期间内公司业绩的影响。第（1）列，委托理财（*Entrustedinvest*）与经营业绩（*ROA*）的回归系数为 0.009，仍在 1% 水平上显著，说明进行委托理财与当期业绩存在显著正相关关系，即前一期购买委托理财产品可以提高下一期的经营业绩。第（2）列中，委托理财（*Entrustedinvest*）与经营业绩（*ROA*）的回归系数为 0.006，仍在 1% 水平上显著，说明进行委托理财与未来一期业绩存在显著正相关关系，即前一期购买委托理财产品可以提高未来一期的经营业绩。第（3）列，委托理财（*Entrustedinvest*）与经营业绩（*ROA*）的回归系数为 0.008，仍在 1% 水平上显著，说明进行委托理财与未来二期业绩存在显著正相关关系，即前一期购买委托理财产品可以提高未来二期的经营业绩。第（4）列，委托理财（*Entrustedinvest*）与经营业绩（*ROA*）的回归系数为 0.007，仍在 1% 水平上显著，说明进行委托理财与未来三期业绩存在显著正相关关系，即前一期购买委托理财产品可以提高未来三期的经营业绩。第（5）列中，委托理财（*Entrustedinvest*）与经营业绩（*ROA*）的回归系数 0.004，但不显著，说明进行委托理财与未来四期业绩不存在显著正相关关系。这里可以发现，随着时间的推移，委托理财对经营业绩的影响系数总体是逐年显著性降低的，说明委托理财对短期业绩存在提高的作用，但是从长期来看，其作用难以持续。并且在第（2）列、第（3）列、第（4）列中，委托理财仍与未来一期、未来二期、未来三期的业绩正相关很有可能是由于购买委托理财产品是一个持续的行为，上市公司购买委托理财产品后大多情况下会连续购买多年，委托理财仍与未来一期、未来二期、未来三期的业绩正相关很可能是因为其前一期、前二期、前三期时也购买委托理财产品导致样本公司的经营业绩相对偏高①。

其他控制变量中，保持了与当期业绩回归类似的结果。基金公司持股（*Mufund*）、成长性（*Growth*）、公司规模（*Size*）与经营业绩（*ROA*）相关系数均为正向且显著，表示当基金持股比率越高、公司成长性越好、公司规模越大时，公司经营水平越高，盈利能力越强。另外，产权性质（*SOE*）和财务杠杆（*Leverage*）均与经营业绩（*ROA*）负向且显著，表示公司的负债比率越大、公司上市时间越长且为国有企业时，其经营业绩较差。

表6-5　　委托理财与多期经营业绩回归结果

	$ROA_{i,t}$	$ROA_{i,t+1}$	$ROA_{i,t+2}$	$ROA_{i,t+3}$	$ROA_{i,t+4}$
	(1)	(2)	(3)	(4)	(5)
$Entrustedinvest_{i,t-1}$	0.009***	0.006***	0.008***	0.007***	0.004
	(0.000)	(0.000)	(0.000)	(0.005)	(0.141)
$SOE_{i,t-1}$	-0.005***	-0.005***	-0.004**	-0.004*	-0.004*
	(0.002)	(0.004)	(0.028)	(0.072)	(0.079)
$Boardsize_{i,t-1}$	0.008**	0.007	0.004	0.001	0.003
	(0.049)	(0.114)	(0.379)	(0.799)	(0.552)

① 本书另计算了上市公司委托理财金额对多期经营业绩的影响，其所得结论与原有结果保持一致。

续表

	$ROA_{i,t}$	$ROA_{i,t+1}$	$ROA_{i,t+2}$	$ROA_{i,t+3}$	$ROA_{i,t+4}$
	(1)	(2)	(3)	(4)	(5)
$Duality_{i,t-1}$	-0.002	-0.004**	-0.004**	-0.004*	-0.002
	(0.278)	(0.030)	(0.038)	(0.060)	(0.341)
$Mufund_{i,t-1}$	0.283***	0.239***	0.193***	0.183***	0.166***
	(0.000)	(0.000)	(0.000)	(0.000)	(0.000)
$Growth_{i,t-1}$	0.011***	0.005***	0.002**	0.002**	0.002**
	(0.000)	(0.000)	(0.011)	(0.037)	(0.044)
$Leverage_{i,t-1}$	-0.101***	-0.081***	-0.071***	-0.062***	-0.056***
	(0.000)	(0.000)	(0.000)	(0.000)	(0.000)
$Size_{i,t-1}$	0.008***	0.006***	0.005***	0.004***	0.004***
	(0.000)	(0.000)	(0.000)	(0.000)	(0.000)
$Age_{i,t-1}$	-0.003	-0.001	-0.000	0.002	0.004
	(0.196)	(0.524)	(0.949)	(0.436)	(0.130)
$Cons_{i,t-1}$	-0.148***	-0.103***	-0.087***	-0.086***	-0.079***
	(0.000)	(0.000)	(0.000)	(0.000)	(0.001)
Year	Yes	Yes	Yes	Yes	Yes
Industry	Yes	Yes	Yes	Yes	Yes
N	22476	19906	17516	15265	13108
调整 R^2	0.199	0.137	0.106	0.093	0.082

注：（1）本表变量定义参考表6-1；（2）所有连续变量均在1%水平上进行缩尾处理；（3）为保证标准误在横截面异方差和序列相关问题上的稳健性，均在公司层面聚类；（4）*、**、***分别表示统计检验在10%、5%和1%水平上显著；（5）本表括号中的值均为p值。

6.4 内生性检验

为了解决可能存在的内生性问题，本节将通过PSM（Propensity

Score Matching）+DID（Difference in Difference）的方法检验上市公司购买委托理财产品与公司短期和长期的业绩关系。总体思路为：首先，将样本分为购买过委托理财产品和未购买过委托理财产品两组，通过委托理财（*Entrustedinvest*）的影响因素 Probit 模型，计算上市公司进行委托理财的可能性，通过倾向匹配得分对购买委托理财产品的公司和非委托理财公司按照同一年份和行业进行配对。其中，委托理财公司是指所有自进行委托理财业务第 1 年开始至 2018 年每年都进行委托理财业务的公司；非委托理财公司是指在样本期间内从未进行委托理财业务的公司。其次，将使用双重差分（DID）方法来比较不同期间公司经营业绩的差异，选择的比较窗口为一年期。具体的 DID 如式（6-2）所示：

$$ROA_{i,t} = \alpha_0 + \alpha_1 NewPurchaser_i + \alpha_2 Post_i + \alpha_3 NewPurchaser_i \times Post_i + \alpha_4 SOE_{i,t-1} + \alpha_5 Boardsize_{i,t-1} + \alpha_6 Duality_{i,t-1} + \alpha_7 Mufund_{i,t-1} + \alpha_8 Growth_{i,t-1} + \alpha_9 Leverage_{i,t-1} + \alpha_{10} Size_{i,t-1} + \alpha_{11} Age_{i,t-1} + \sum Industry + \sum Year + \varepsilon_{i,t} \quad \text{式（6-2）}$$

其中，α_i 表示回归系数，$\varepsilon_{i,t}$ 为残差。$NewPurchaser_i$ 为虚拟变量，如果一个企业是委托理财公司，取值为 1，否则为 0；$Post_i$ 为虚拟变量，如果观测值是在进行委托理财业务年份之后 1 年，取值为 1，之前 1 年取值为 0；$NewPurchaser_i \times Post_i$ 交乘项，用于比较委托理财公司和非委托理财公司进行委托理财前后经营业绩的差异。除 6.2 部分分析的影响因素外，在模型中加入行业和年度哑变量分别控制行业和年份效应的影响。为了减少可能存在的内生性问题，将所有的自变量滞后一期后进行回归，连续变量均在 1% 水平上进行了缩尾处理。

首先，委托理财影响因素 Probit 模型计算结果如表 6-6 所示，其回归结果与第 4 章结果类似，此处不再作具体分析。

表 6-6　　委托理财 Probit 回归结果

	$Entrustedinvest_{i,t}$
$SOE_{i,t-1}$	-0.186**
	(0.015)
$Boardsize_{i,t-1}$	-0.179
	(0.373)
$Independence_{i,t-1}$	-0.338
	(0.583)
$Manager_{i,t-1}$	-0.039
	(0.815)
$Duality_{i,t-1}$	-0.083
	(0.183)
$Mufund_{i,t-1}$	0.561
	(0.203)
$ROA_{i,t-1}$	-0.313
	(0.542)
$Equityfinance_{i,t-1}$	0.905***
	(0.000)
$Loan_{i,t-1}$	-0.208
	(0.689)
$Cash_{i,t-1}$	1.659***
	(0.000)
$Capex_{i,t-1}$	-1.512***
	(0.002)
$Growth_{i,t-1}$	-0.025
	(0.554)

续表

	$Entrustedinvest_{i,t}$
$Leverage_{i,t-1}$	-1.423***
	(0.000)
$Size_{i,t-1}$	0.140***
	(0.000)
$Age_{i,t-1}$	0.015
	(0.872)
$Cons_{i,t-1}$	-8.578
	(0.282)
Year	Yes
Industry	Yes
N	7827
拟合 R^2	0.186

注：（1）本表变量定义参考表6－1；（2）所有连续变量均在1%水平上进行缩尾处理；（3）为保证标准误在横截面异方差和序列相关问题上的稳健性，均在公司层面聚类；（4）*、**、***分别表示统计检验在10%、5%和1%水平上显著；（5）本表括号中的值均为p值。

其次，将以上委托理财影响因素按照Probit模型计算得出的评分在委托理财公司组和非委托理财公司组进行匹配。本书按照Probit模型所得评分，在基于共同支撑假设的前提下，按照行业和年份对两组进行无放回的1∶1匹配，共得到837组配对样本。另外，本书对配对组进行了如下筛选：（1）剔除不满足按照年份和行业排队的样本；（2）剔除不满足完整窗口期的样本；（3）剔除窗口期间内存在缺失值的样本，最终得到有效的619组配对样本。本书通过Pstest对所得配对样本进行平衡测试，表6－7报告了平衡性测试的检验结果。如表6－7所示，控制组和处理组在主要影响因素上没有显著差异（P 值均大于 0.1），且两组之间的 bias 均小于 10%，满足 PSM 配对的平衡性假设。

表 6-7　　委托理财 PSM 配对平衡性测试结果

变量	处理组（委托理财公司）观测值 =619	控制组（非委托理财公司）观测值 =619	P - value
SOE	0.280	0.289	0.668
Boardsize	2.240	2.234	0.554
Independence	0.373	0.374	0.843
Manager	0.169	0.154	0.187
Duality	0.275	0.270	0.832
Mufund	0.047	0.050	0.372
ROA	0.044	0.042	0.469
Equityfinance	0.134	0.119	0.248
Loan	0.010	0.014	0.123
Cash	0.050	0.050	0.897
Capex	0.053	0.053	0.898
Growth	0.204	0.209	0.883
Leverage	0.273	0.386	0.219
Size	21.817	21.843	0.665
Age	2.706	2.712	0.748

PSM + DID 的回归结果如表 6-8 所示，其中第（1）列、第（2）列、第（3）列分别列示了当因变量为 $ROA_{i,t}$、$ROA_{i,t+1}$、$ROA_{i,t+2}$时，委托理财对不同期间内公司业绩的影响。第（1）列中，$NewPurchaser_i \times Post_i$ 交乘项与经营业绩（*ROA*）的回归系数为 0.009，在 1% 水平上显著，说明进行委托理财与当期业绩存在显著正相关关系，即当期购买委托理财产品可以提高下一期的经营业

绩。第（2）列中，$NewPurchaser_i \times Post_i$ 与经营业绩（*ROA*）的回归系数为0.001，但不显著，说明进行委托理财与未来二期业绩不存在显著正相关关系，即前一期购买委托理财产品不能提高未来二期的经营业绩。第（3）列中，$NewPurchaser_i \times Post_i$ 与经营业绩（*ROA*）的回归系数为0.001，且不显著，说明进行委托理财与未来三期业绩不存在显著正相关关系，即前三期购买委托理财产品不可以提高未来的经营业绩，这一结果与之前所得结论一致。

表6-8　委托理财与多期经营业绩PSM+DID回归结果

	$ROA_{i,t}$	$ROA_{i,t+1}$	$ROA_{i,t+2}$
	(1)	(2)	(3)
$NewPurchaser_i$	-0.003	0.005	0.009***
	(0.331)	(0.117)	(0.007)
$Post_i$	-0.006**	-0.006**	-0.004
	(0.034)	(0.049)	(0.262)
$NewPurchaser_i \times Post_i$	0.009***	0.001	0.001
	(0.007)	(0.781)	(0.915)
$SOE_{i,t-1}$	-0.004	0.001	0.000
	(0.337)	(0.800)	(0.952)
$Boardsize_{i,t-1}$	0.006	0.002	0.007
	(0.352)	(0.786)	(0.473)
$Duality_{i,t-1}$	-0.002	-0.002	-0.008**
	(0.429)	(0.486)	(0.029)
$Mufund_{i,t-1}$	0.217***	0.209***	0.139***
	(0.000)	(0.000)	(0.000)
$Growth_{i,t-1}$	0.007***	0.005*	-0.001
	(0.000)	(0.071)	(0.800)

续表

	$ROA_{i,t}$	$ROA_{i,t+1}$	$ROA_{i,t+2}$
	(1)	(2)	(3)
$Leverage_{i,t-1}$	-0.072***	-0.069***	-0.052***
	(0.000)	(0.000)	(0.000)
$Size_{i,t-1}$	0.007***	0.006***	0.005**
	(0.000)	(0.004)	(0.019)
$Age_{i,t-1}$	-0.002	-0.006	0.002
	(0.712)	(0.256)	(0.740)
$Cons_{i,t-1}$	-0.023	-0.083*	-0.108*
	(0.539)	(0.080)	(0.071)
Industry	Yes	Yes	Yes
Year	Yes	Yes	Yes
N	2476	2333	2006
调整 R^2	0.191	0.140	0.090

注：（1）本表变量定义参考表6-1；（2）所有连续变量均在1%水平上进行缩尾处理；（3）为保证标准误在横截面异方差和序列相关问题上的稳健性，均在公司层面聚类；（4）*、**、***分别表示统计检验在10%、5%和1%水平上显著；（5）本表括号中的值均为p值。

6.5 进一步分析

6.5.1 高管海外背景的调节作用

高阶理论认为管理者的知识结构、价值观和心理偏好等因素在企业的战略抉择中发挥着重要作用。我国上市公司中具有海外背景的高管大多具有在发达国家学习或工作的经历，这些发达国家资本市场的法律和市场化程度更高，信息不对称程度低，管理层作出不利于股东长期利益的短视决策或自利行为时，诉讼风险更高，具有这种烙印的高管更可能站在股东长期利益的角度作出决策；另外，具有海外背景高管的知识面更加丰富，眼界宽广，对企业创新的重要性有着更深刻的认知，更加重视企业创新活动，更能够理解公司创新的长远收益。基于以上讨论，本书认为相较于具有海外背景的上市公司，没有海外背景的上市公司更可能忽视创新活动的长期利益，通过进行委托理财提升公司短期经营业绩。

根据宋建波等（2016）、文雯等（2017），若上市公司拥有至少一名具有海外背景的高管团队人员，则该公司具有海外背景，*Overseas* 变量取值为1，否则为0。高管团队人员是否具有海外背景数据来自国泰安（CSMAR）数据库。根据上市公司是否具有海外背景，本节将样本公司分为两组，即具有海外背景的上市公司组和不具有海外背景的上市公司组。

回归结果如表6－9第（1）列和第（2）列所示，其中，第（1）列为上市公司的高管和董事均没有海外背景的公司中委托理财与经营业绩的关系，委托理财（*Entrustedinvest*）与经营业绩（*ROA*）的回归系数为0.009，在1%水平上显著，说明进行委托理财与公司业绩在没有海外高管的公司中存在显著正相关关系。第（2）列为上市公司的高管和董事至少有一个具有海外背景的公司中委托理财与经营业绩的关系，其中，委托理财（*Entrustedinvest*）与经营业绩（*ROA*）的回归系数为0.004，但不显著，说明进行委托理财与公司业绩在有海外高管的公司中不存在显著正相关关系，即海外背景降低了委托理财与公司业绩显著的正向相关关系，符合预期。

6.5.2 高新技术企业的调节作用

相较于非高新技术企业，高新技术企业的主要战略目标为“增加研发投入，提升创新实力”，非高新技术企业更注重“保持现有技术水平和生产经营状况”（周及真等，2017）。当上市公司拥有闲置资金时，为保证资金利用率，根据战略目标的不同，高新技术企业可能主要将闲置资金用于研发，提升企业创新实力；而非高新技术企业更可能保持现有技术水平，将资金委托给金融机构进行理财，以获取短期投资收益。另外，为激发企业创新行为，保障企业创新力，我国政府发布了一系列政策鼓励高新技术企业进行创新活动，如“高新技术企业所得税减免”“企业研发费用加计扣除税收优惠”等，高新技术企业更有动力进行创新活动。

2016 年，我国科技部、财政部和国家税务总局联合修订印发的《高新技术企业认定管理办法》中指出，高新技术企业是指在《国家重点支持的高新技术领域》内，持续进行研究开发与技术成果转化，形成企业核心自主知识产权，并以此为基础开展经营活动，在中国境内（不包括港、澳、台地区）注册的居民企业。2016 年《国家重点支持的高新技术领域》包括“电子信息、生物与新医药、航空航天、新材料、高技术服务、新能源与节能、资源与环境、先进制造与自动化”8个行业[1]。

本节将样本公司按照是否高新技术企业分为两组，即高新技术企业组和非高新技术企业组，分别使用两组样本进行回归。回归结果如表6-9第（3）列和第（4）列所示，其中，第（3）列为在非高科技行业的上市公司中委托理财与经营业绩的关系，委托理财（*Entrustedinvest*）与经营业绩（*ROA*）的回归系数为0.008，在1%水平上显著，说明进行委托理财与公司业绩在非高科技行业中存在显著正相关关系。第（4）列为高科技行业的上市公司中委托理财与经营业绩的关系，其中，委托理财（*Entrustedinvest*）与经营业绩（*ROA*）的回归系数为0.004，但不显著，说明进行委托理财与公司业绩在高科技行业中不存在显著正相关关系。即高科技行业降低了委托理财与公司业绩显著的正向相关关系，符合预期。

表6-9　　委托理财与公司业绩进一步测试结果

	(1)	(2)	(3)	(4)
	无海外背景高管组	有海外背景高管组	非高科技行业	高科技行业
$Entrustedinvest_{i,t-1}$	0.009***	0.004	0.008***	0.004
	(0.000)	(0.208)	(0.000)	(0.181)

① 对应本书研究使用的证监会2012年行业分类标准，将以下行业定义为高新技术行业：石油加工、炼焦和核燃料加工业（C25）；化学原料和化学制品制造业（C26）；医药制造业（C27）；专用设备制造业（C35）；汽车制造业（C36）；铁路、船舶、航空航天及其他运输设备制造业（C37）；计算机、通信和其他电子设备制造业（C39）；仪器仪表制造业（C40）；废弃资源综合利用业（C42）；信息传输、软件和信息技术服务业（I）；科学研究和技术服务业（M）。以上行业中的企业即高新技术企业，其他行业内的企业即非高新技术企业。

续表

	(1)	(2)	(3)	(4)
	无海外背景高管组	有海外背景高管组	非高科技行业	高科技行业
$SOE_{i,t-1}$	-0.009***	-0.009***	-0.007***	-0.012***
	(0.000)	(0.009)	(0.000)	(0.000)
$Boardsize_{i,t-1}$	0.001	0.015*	0.000	0.018***
	(0.874)	(0.063)	(0.983)	(0.008)
$Duality_{i,t-1}$	0.001	-0.005*	-0.002	-0.000
	(0.669)	(0.089)	(0.190)	(0.896)
$Mufund_{i,t-1}$	0.277***	0.217***	0.244***	0.312***
	(0.000)	(0.000)	(0.000)	(0.000)
$Growth_{i,t-1}$	0.012***	0.010***	0.012***	0.019***
	(0.000)	(0.000)	(0.000)	(0.000)
$Leverage_{i,t-1}$	-0.097***	-0.120***	-0.099***	-0.115***
	(0.000)	(0.000)	(0.000)	(0.000)
$Firmsize_{i,t-1}$	0.008***	0.010***	0.009***	0.008***
	(0.000)	(0.000)	(0.000)	(0.000)
$Age_{i,t-1}$	-0.003	0.006	-0.004	-0.003
	(0.351)	(0.137)	(0.130)	(0.469)
Constant	-0.127***	-0.204***	-0.149***	-0.130***
	(0.000)	(0.000)	(0.000)	(0.000)
Industry	Yes	Yes	Yes	Yes
Year	Yes	Yes	Yes	Yes
N	9453	4467	11917	5883
调整 R^2	0.244	0.221	0.217	0.280

注：(1) 本表变量定义参考表6-1；(2) 所有连续变量均在1%水平上进行缩尾处理；(3) 为保证标准误在横截面异方差和序列相关问题上的稳健性，均在公司层面聚类；(4) *、**、*** 分别表示统计检验在10%、5%和1%水平上显著；(5) 本表括号中的值均为p值。

6.6 本章小结

本章研究了上市公司委托理财与公司业绩的关系。采用2001—2018年中国沪深A股上市公司的样本研究发现，上市公司委托理财可以提高短期内公司的经营业绩，但这种作用无法持续，主要体现在未来公司业绩的回归结果并不显著，在PSM + DID的内生性检验中得到了一致结论，这说明委托理财仅可以提高短期内的公司业绩，并不能提高长期的公司业绩。

本书进一步研究了在不同情况下上市公司委托理财与公司业绩的关系。研究发现，上市公司委托理财与经营业绩受到海外背景和高科技行业的调节作用，当上市公司有海外背景的高管和董事或处于高科技行业时，上市公司委托理财为企业带来的短期收益较低。这表明高管的海外背景可以帮助企业关注长远业绩的发展，处于高科技行业的企业更专注于通过完善创新以创造竞争力，这两种力量均降低了管理层利用委托理财提高公司业绩的自利行为。

通过研究上市公司委托理财对公司业绩的影响，可以认识到委托理财在上市公司的日常经营活动中所扮演的角色。随着中国市场的不断发展和完善，从企业层面来讲，“理财”之风的盛行将不利于公司的长期发展。因此，本章的研究对上市公司的投资决策行为有一定的警示作用，对如何规范闲置资金的利用提供了理论依据。

结合前文的分析，上市公司委托理财可以提高短期内公司的经营业绩，主要原因在于其可以通过购买理财获得短期的投资报酬，从而增加当期的营业利润。但对于长期来讲，上市公司委托理财与未来公司业绩的回归结果并不显著。在现有相关研究中，陈湘永和丁楹（2002）认为，委托理财投资行为面临极大的风险，如本金无法收回等问题，有极大的不确定性，有的上市公司尽管是以提高利润为目的进行委托理财投资行为，但是上市公司将巨额资金用于委托理财，必然会影响主业的发展，这种短期的赚钱效应可能会引起依赖，使上市公司真正的主业发展缓慢，不利于长远发展。该结论仅从规范的角度进行了讨论，尚未进行验证。因此，上市公司委托理财如何影响长期业绩的发展？会不会由于挪用资金而影响主业的竞争力？是否还有其他影响长期业绩发展的原因？这些问题本书将在下一章中继续讨论。

第 7 章

上市公司委托理财与长期业绩的进一步研究

从上市公司进行委托理财的动机角度出发，尽管委托理财投资行为能使公司获得短期收益，但可能引起依赖，使上市公司实业发展缓慢，不利于长远发展（陈湘永和丁楹，2002）。本书第 6 章研究发现，上市公司购买委托理财产品行为无法提高公司的长期经营业绩，这其中的原因有待进一步讨论。本章将进一步研究上市公司委托理财无法提高长期业绩的原因。

上市公司进行委托理财对公司长期业绩的影响，可以归结为长期业绩的形成过程和质量两个方面。首先，长期业绩的形成过程表现在企业运营活动中，并且企业长期的核心竞争力离不开企业创新，创新活动是为公司创造长期价值的重要动力来源，因此，研究委托理财与企业的创新活动的关系是观察其影响长期业绩形成过程的重要视角。其次，长期业绩的形成质量主要表现为公司的业绩质量，即盈余质量，其中与长期业绩的形成质量关系最为密切的应为其盈余持续性，公司的盈余持续性作为盈余质量的重要特征之一，反映了企业能够长期持续盈利的能力。因此，通过研究委托理财对公司盈余持续性的影响可以帮助理解其对公司长期业绩的影响。

一方面，从公司经营战略决策的角度，公司创新是企业重要经济活动之一，也是其在市场上生存竞争中获得核心竞争力的来源。企业的创新活动能为公司带来核心竞争力，并成为促进企业长期发展，提高企业长期业绩的强有力的手段。但是创新活动是一个高成本、高风险以及回报难以预测的过程（Sood and Tellis，2009），需要大量的资金支持。上市公司购买委托理财实际是上市公司将资金委托他人管理的一种形式。为了获得优异的财务回报，上市公司聘请金融机构（例如，证券公司）根据合同管理其货币资产，金融机构将这些资产投资于股票市场，以形成上市公司在金融机构中进行积累资源的模式。但这种资金的累计与创新活动的资金累计互相冲突，可能会由于资金不足而不利于公司创新活动的展开，从而无法为企业提供长期业绩增长的主要来源，由此导致不利于长期业绩的提高。

另一方面，从盈余质量的角度，公司的盈余持续性作为盈余质量的重要特征之一，反映了企业能够长期持续盈利的能力，对公司和投资者都具有重大的意义。当公司的某项投资决策能够为企业带来持续性的盈余收入时，才可能提升长期的经营业绩。上市公司利用自有或募集资金投入金融机构的委托理财项目中，可以提升公司的业绩。上市公司通过筛选，选择有信誉的投资机构和不同收益的理财产品，获取稳定收益的报酬，从而保证上市公司的资金安全和预期收益。因此委托理财可能是公司调整业绩的手段（孙健等，2016）。上市公司通过购买委托理财产品，将闲置资金委托于专业的资金管理机构，可以获取短期的投资利息，从而获取收益。这种行为虽然是通过现金的投资方式获取现金流报酬，但是与用于营运资本、成长机会、项目资产投资等活动不同，所获得的收益仅能计入当期的营业利润，无法持续到下期，并对未来的业绩没有潜在的帮助。购买委托理财产品的公司无法将其所获得的收益维持到长期，因此，委托理财仅可以提高短期内的公司业绩，并不能提高长期的公司业绩的这一结果，很可能是由于上市公司委托理财无法为上市公司提供良好的盈余持续性导致的。

总而言之，本章将进一步研究上市公司委托理财产品购买行为与公司长期业绩之间的关系，具体分为上市公司委托理财对公司创新和委托理财对盈余持续性影响两个方面。第一部分为可能的原因分析，将对公司创新有关文献进行回顾，并结合已有文献对上市公司委托理财和公司创新的关系提出假设，同时回顾并分析盈余持续性有关的文献，并对委托理财和盈余持续性之间的关系进行逻辑分析和假设发展。第二部分为上市公司委托理财与公司创新的研究，结合研究假设部分进行研究设计，并进行实证分析，通过稳健性检验以保证研究结论的一致性，最后对上市公司委托理财和公司创新的关系进行进一步研究。第三部分为上市公司委托理财与盈余持续性关系的研究。在假设发展的基础上，进行研究设计并实证分析，进行一系列稳健性检验。第四部分为本章总结。

7.1　可能的原因分析

7.1.1　委托理财与公司创新

公司创新是公司生产经营活动中重要的一环。现有关于公司创新的研究，主要从外部和内部两个方面研究公司创新的影响因素。

外部影响因素方面，已有研究从多个角度研究了公司创新的影响因素。从市场环境和市场竞争方面，学者们研究发现，非正规部门竞争越低（张峰等，2014）、外资进入水平越高、市场竞争越激励（沈坤荣和孙文杰，2009）、银行同业竞争水平越高（Cornaggia et al.，2015）时，公司创新水平越高；从外部监督和保护来讲，债权人保护水平越低（Acharya and Subramanian，2009）、投资者保护越好（Brown et al.，2013）、知识产权保护水平越高、执法力度越大（吴超鹏和唐菂，2014）、银行管制越放松（Amore et al.，2013）时，公司创新水平越高；从外部支持和政策扶持的角度来讲，政府对公司创新越支持、提供更多资金等方面的资助（肖文和林高榜，2016；白俊红和蒋伏心，2015）、产业政策相对开放（黎文靖和郑曼妮，2016）、公司与高校科研机构等形成科技结盟、获得技术支持（白俊红和蒋伏心，2015）时，公司创新水平越高，另外，社会环境也会影响创新活动，例如，社会收入差距（安同良和千慧雄，2014）等。

内部影响因素方面，已有研究从不同角度研究了公司创新的影响因素。在公司内部结构特征方面，当公司为非国有企业（张婧和段艳玲，2010）、股权集中度较高（Francis and Smith，1995）、独立董事增加（Balsmeier et al.，2017）、高管具有海外背景（罗思平和于永达，2012；Yuan and Wen，2018）时，公司创新水平越高；从薪酬结构方面，员工持有股权水平越高（Chang et al.，2015）时，公司创新水平越高，此外，孔东民等（2017）研究发现，公司薪酬差距与公司创新呈正“U”形关系。其他方面，公司对股权投资依赖程度越高（Acharya and Xu，2017）、股权交易量越大（Blanco and Wehrheim，2017）时，越有利于公司创新。

创新是一项需要长期投入且需要经历大量失败才可能成功的企业经营活动（Holmstrom，1989）。在这一过程中，一方面需要大量的资金支持，另一方面需要企业有长期参与创新活动的意愿。

从资源配置的角度来讲，将公司拥有的闲置资金看作一种资源，这种资源既可以用于财务性投资，以坐收短期获得的投资收益；也可以用于生产经营，例如扩大生产规模、投资营销、产品创新投入等。当公司将所拥有的闲置资金用于金融性投资时，将不再有可用资源用于生产经营，特别是研发投入（R&D）。且创新是一个高成本、高风险以及回报难以预测的过程（Sood and Tellis，2009），需要大量的资金支持，例如，Francis 和 Smith（1995）发现长期的资本支出会降低企业创新。正如上文所述，委托理财作为上市公司一种获取投资收益以提高经营业绩的方式（陈湘永和丁楹，2002），其动机来源于获取投资收益，提升公司业绩。在上市公司获取利益的驱动下，可能将资金用于委托理财，而非生产经营（例如扩大生产规模、投资营销、产品创新投入等）。从公司发展的角度来讲，委托理财的公司通过投资获取短期收益，解决短期面临的收益低、绩效差的问题，这一部分的资本支出较少考虑到企业长远的发展，就会忽视创新这种作为增强公司核心竞争力的手段。由此得出购买委托理财产品的公司的研发投入可能较低，从而创新水平较低。

正如前文所论述的，上市公司购买委托理财产品的行为来自监管的缺失，特别是公司方面（巴曙松，2001）。徐永新（2009）研究发现，公司内部的监督会影响公司管理层的随意性投资，从而影响委托理财的发生概率。购买委托理财产品的公司在短期内的经营业绩较好，但委托理财产品的购买无法为企业带来长期较高的经营业绩。在已有研究中，董事会权力过大（巴曙松，2001）、董事长与总经理两职合一（徐永新，2009）等均表明，合理的公司内部结构可以降低董事会和管理层的自利行为，降低其购买委托理财产品的可能。企业的创新活动是一种经历大量失败才可能成功的企业经营活动（Holmstrom，1989），研发投入会为企业带来未来的利润和价值（Sougiannis，1994），在这一过程中不仅需要大量的资金支持，还需要企业有长期参与创新活动的意愿。例如，Xue（2007）发现，当公司选择内部技术发展以提高经营业绩时，公司战略风险较高，此时管理层激励方案将更多选择股权甚至期权的激励方式，通过与长期的业绩挂钩，提高内部技术创新。Chang 等（2015）研究发现，非高管员工持有股票期权对企业创新有正面影响，且当员工对创新更重要、员工之间的搭便车比较弱、广泛授予大多数员工选择权、期权的平均到期期限更长以及员工持股比例更低时，正面影响更为明显。因此，在上市公司较强的短期机会主义行为的激励下导致的公司委托理财，将不利于企业选择通过创新模式以增强企业竞争力。研发作为创新活动的一个环节，最终为公司来带新的产品，并提高公司行业内的竞争力，成为利润的增长点，因此较多的研发投入会增加未来的经营业绩，而短期机会主义行为下的公司委托理财将降低研发投入，无法保证未来的经营业绩。

由此，上市公司购买委托理财产品的行为可能会由于其短期投资动机，而导致降低对实业发展的研发投入，不利于企业创新活动的开展，进而导致无法持续影响长期业绩。

7.1.2　委托理财与盈余持续性

公司的盈余持续性作为盈余质量的重要特征之一，反映了企业能够长期持续盈利的能力，对公司和投资者都具有重大的意义。随着中国资本市场的发展，投资者的风险意识不断加强，投资决策更加基于对公司信息的理性判断，上市公司盈余信息的披露成为市场投资决策的基本依据，在利益相关者的行为决策中起到越来越重要的作用，占据不可磨灭的地位。较高的盈余可持续性向投资者传递了更为可靠的信息，可以通过预测等方式获取投资决策的参考依据，这有利于投资者对股票进行合理的定价，并帮助市场更好地反映公司的会计信息。另外，从经济学角度来讲，高度可持续的会计盈余可以稳定市场的最佳资源配置，指导投资者进行长期价值投资，并减少要素市场的投机波动。收益的可持续性越高，将来可以传达给投资者的信息就越准确；可持续性差的收益会给投资者带来严重的错误判断和资本损失。因此，会计盈余相关信息越来越受到社会各界和利益相关者的关注。

大多数学者将盈余持续性定义为当期的盈余能够维持到未来时期的比例（Sloan，1996；Richardson，2005），当公司的盈余持续性越强时，表明当期的盈余可以维持到下期的比例越大。Chen 和 Shane（1995）最早提出现金流量变动的正常部分和非正常部分概念，并认为盈利的持续性取决于现金变动的性质。其中，正常现金变动表示的是公司最佳现金余额的变动，主要受到经营环境的变化，例如营运资本、成长机会、项目资产投资等变化的影响；异常的现金变动表示的是偏离公司最佳现金余额的变动，主要产生于代理问题导致的现金变动，例如，偏离股东利益下的管理层自利行为导致的现金异常变动，如管理层由于持有较多现金导致的过度投资或将资金浪费在不合理的投资项目上以获取高额现金的行为等。

在现有研究盈余持续性的文章中，主要集中在两个方面。一方面，是企业的日常经营活动和决策方面对盈余产生的影响。例如，Lev（1983）研究发现产品的类型、公司规模的大小、企业所处行业的竞争力和资本密集度情况均会影响盈余持续性。Baginski 等（1999）通过高阶的自回归模型对这一关系进行了进一步验证。另外，还有学者认为，相比以成本为导向的产品策略，产品的差异化策略可以提供更高的盈余持续性（Fairfield and Yohn，2001；Soliman，2008）。另一方面，有的学者从盈余组成部分的角度出发，考察不同部分对盈余持续性的影响。主流观点认为公司的盈余可以分为现金流和应计两部分，其中应计部分相较于现金流部分其持续性较低（Sloan，1996；Richardson et al.，2005；Dechow and Ge，2006）。另有学者研究了现金流的不同来源和运用对盈余持续性的影响。例如，Dechow 等（2008）研究发现，投资者所分配的现金比留存现金的盈余持续性更高，其中可能的解释是管理层的自利行为导致利用留存现金进行过度投资。在此基础上，现有学者研究了公司的内部控制情况、大股东代理问题等对盈余持续性的影响，并发现内部控制缺陷、内部控制治理和较高的大股东代理问题均不利于提高盈余持续性（宫义飞和谢元芳，2018；肖华和张国清，2013；Doyle et al.，2007）。

上市公司通过购买委托理财产品，将闲置资金委托于专业的资金管理机构，获取短期的投资利息，从而获取收益。与用于营运资本、成长机会、项目资产投资等活动不同，尽管这种行为是通过现金的投资方式获取现金流报酬，但其所获得的收益仅能计入当期的营业利润，无法持续到下一期，并对未来的业绩没有潜在的帮助。另外，现有文献中，大多将上市公司进行委托理财的基本动因归结为获取投资收益，提升公司业绩、谋求个人私利等方面（陈湘永和丁楹，2002）。上市公司的委托理财行为可以成为管理层一种平滑利润的手段（孙健等，2016），公司通过筛选，选择有信誉的投资机构和不同收益的理财产品，在获取报酬的同时稳定收益，从而保证上市公司的资金安全和预期收益。尽管委托理财是通过现金的投资方式获得现金报酬的行为，Dechow 等（2008）研究发现，投资者所分配的现金比留存现金的盈余持续性更高，其中管理层的自利行为导致的不合理利用资金的投资决策会降低盈余持续性。

由此，上市公司购买委托理财产品获得的报酬仅能影响当期利润而无法持续到未来期间，进而导致无法持续影响长期业绩。

7.2　委托理财与公司创新关系检验

本节按照7.1部分有关委托理财与公司创新逻辑分析的内容，实证研究上市公司委托理财与公司创新的关系。通过研究设计、实证分析、稳健性检验、进一步分析等内容，实证研究上市公司委托理财行为对公司创新的影响。

7.2.1 研究设计

（1）样本选择与数据来源

为了研究上市公司委托理财和公司创新的关系，本节选取中国2007—2018年在沪深交易所上市的A股公司为初始样本，选择2007年为样本起始年份的原因是研发支出的数据自2007年起被要求由上市公司强制披露，2018年为数据计算时可获得的最晚年份。本节对样本进行了如下筛选：（1）删除金融行业的公司（例如，银行、基金公司、证券公司、信托公司等）；（2）删除财务杠杆大于1的观测值；（3）删除存在缺失值的观测值。最终得到20432条“公司—年份”观测值，涉及2527家上市公司。所有数据均来自国泰安（CSMAR）数据库。不同面板由于样本期间不同，其观测值数量可能存在差异。

（2）模型设计

为了检验上市公司委托理财与公司创新之间的关系，参考Yuan和Wen（2018）、He和Tian（2013）的研究模型，具体设计如式（7-1）所示：

$$Innovation_{i,t} = \alpha_0 + \alpha_1 Entrustedinvest_{i,t-1} + \alpha_2 RD_{i,t-1} + \alpha_3 SOE_{i,t-1} + \alpha_4 Boardsize_{i,t-1} + \alpha_5 Manager_{i,t-1} + \alpha_6 Mufund_{i,t-1} + \alpha_7 PPE_{i,t-1} + \alpha_8 ROA_{i,t-1} + \alpha_9 Growth_{i,t-1} + \alpha_{10} Leverage_{i,t-1} + \alpha_{11} Size_{i,t-1} + \alpha_{12} Age_{i,t-1} + \sum Industry + \sum Year + \varepsilon_{i,t} \quad \text{式（7-1）}$$

其中，α_i 表示回归系数，$\varepsilon_{i,t}$ 为残差。$Innovation_{i,t}$ 表示因变量，分别由上市公司第 t 年申请的发明型、实用新型和外观设计专利总数加1的自然对数和发明专利总数加1的自然对数计算。

$Entrustedinvest_{i,t-1}$为主测试自变量，表示公司当年是否购买委托理财产品，其余为控制变量。考虑到不同行业和年份的影响，加入行业和年份哑变量以控制行业和年份效应。另外，采用滞后一期的自变量和当期因变量进行回归以降低潜在的内生性问题，连续变量均在1%水平上进行了缩尾处理。

（3）变量定义

因变量：公司创新。参考 Yuan 和 Wen（2018）、He 和 Tian（2013）的研究，本节以上市公司当年的专利数衡量公司创新水平。具体地，分别以上市公司第 *t* 年申请的发明专利总数加 1 的自然对数和申请的发明型、实用新型和外观设计专利总数加 1 的自然对数进行计算，分别用 *Ln_Invention* 和 *Ln_Patent* 表示，以保证结果的稳健性。

自变量：委托理财。结合本书的研究，选用上市公司当年是否购买委托理财产品进行衡量，公司当年购买委托理财产品时，取值为 1，否则为 0。

控制变量。参考 Yuan 和 Wen（2018）、He 和 Tian（2013）的研究，选用以下变量作为研究委托理财和公司创新的控制变量：研发投入（*RD*，公司当年研发支出占总支出的比例）、产权性质（*SOE*，公司的实质控制人为国有时取值为 1，否则为 0）、董事会规模（*Boardsize*，公司董事会人数总数加 1 的自然对数）、管理层持股（*Manager*，公司管理层持有该公司股票数占总股票数的比例）、基金公司持股（*Mufund*，基金公司持有该公司股票数占总股票数的比例）、固定资产比例（*PPE*，公司持有固定资产占资产总额的比例）、盈利能力（*ROA*，公司当年净利润占资产总额比例）、成长性（*Growth*，公司当年营业收入总额与上一年营业收入总额的差额除以上一年营业收入总额）、财务杠杆（*Leverage*，公司的负债总额与资产总额的比值）、公司规模（*Size*，公司资产总额的自然对数）、公司年龄（*Age*，当年减去上市公司成立年份加1的自然对数）。相关变量定义如表7－1所示。

表7－1　　委托理财与公司创新变量定义表

变量	符号	定义
公司创新	*Ln_Invention*	公司当年申请的发明专利总数加1的自然对数
	Invention	公司当年申请的发明专利总数
	Ln_Patent	公司当年申请的发明型、实用新型和外观设计专利总数加1的自然对数
	Patent	公司当年申请的发明型、实用新型和外观设计专利总数
委托理财	*Entrustedinvest*	公司当年购买委托理财产品时，取值为1，否则为0
委托理财金额	*Entrustedamount*	公司当期时间加权计算的购买委托理财产品总金额加1的自然对数计算，对于未购买委托理财产品的公司，其值为0
产权性质	*SOE*	公司的实质控制人为国有时取值为1，否则为0
董事会规模	*Boardsize*	公司董事会人数总数加1的自然对数
管理层持股	*Manager*	公司管理层持有该公司股票数占总股票数的比例
基金公司持股	*Mufund*	基金公司持有该公司股票数占总股票数的比例
固定资产比例	*PPE*	公司持有固定资产占资产总额的比例
盈利能力	*ROA*	公司当年净利润占资产总额比例
成长性	*Growth*	公司当年营业收入总额与上一年营业收入总额的差额除以上一年营业收入总额
财务杠杆	*Leverage*	公司的负债总额与资产总额的比值
公司规模	*Size*	公司资产总额的自然对数

续表

变量	符号	定义
公司年龄	*Age*	当年减去上市公司成立年份加 1 的自然对数
独立董事	*Independence*	公司独立董事人数占董事会总人数的比例
两职合一	*Duality*	公司的董事长同时兼任该公司的总经理则取值为 1，否则为 0
股权融资	*Equityfinance*	公司当年通过首发上市、增发和配股方式融资获得的资金总额除以资产总额
债权融资	*Loan*	公司当年通过银行借入资金总额除以资产总额
现金比率	*Cash*	公司当年的经营活动现金净流量除以资产总额
资本支出	*Capex*	公司购建固定资产、无形资产和其他长期资产支付的现金与处置固定资产、无形资产和其他长期资产回收的现金的差额除以资产总额

7.2.2　实证分析

（1）描述性统计

描述性统计结果如表 7 - 2 所示。公司创新（*Ln_Invention*）的均值为 0.296，最小值、最大值分别为 0.000 和 3.784，其对应的未取对数的变量 *Invention* 均值为 1.961，最小值为 0.000，最大值为 43.000，表明在观测值中平均公司一年申请 1.961 个发明型专利，最多申请 43 个发明型专利，中位数为 0.000，表示大多数的“公司—年份”观测值中未申请发明型专利。公司创新（*Ln_Patent*）的均值为 0.499，最小值、最大值分别为 0.000 和 4.990，其对应的未取对数的变量 *Patent* 均值为 7.252，最小值为 0.000，最大值为 146.000，表明在观测值中平均公司一年申请的专利总数为

7.252 个，最多申请 146 个专利，中位数为 0.000，表明大多数的“公司—年份”观测值中未申请专利。委托理财（*Entrustedinvest*）的均值为 0.200，表明在样本的观测值中，有 20% 的公司在当年进行了委托理财，此处比例比第 4 章中统计的比例偏高的原因主要是受样本期间的影响，随着起始年份的推迟，其总体购买委托理财产品的观测值比例也随之上升。

表 7-2　　　委托理财与公司创新描述性统计结果

变量	观测值	均值	标准差	中位数	最小值	最大值
Ln_Invention	20432	0.296	0.860	0.000	0.000	3.784
Invention	20432	1.961	7.315	0.000	0.000	43.000
Ln_Patent	20432	0.499	1.274	0.000	0.000	4.990
Patent	20432	7.252	25.304	0.000	0.000	146.000
Entrustedinvest	20432	0.200	0.400	0.000	0.000	1.000
RD	20432	0.012	0.016	0.004	0.000	0.073
SOE	20432	0.422	0.494	0.000	0.000	1.000
Boardsize	20432	2.264	0.178	2.303	1.792	2.773
Manager	20432	0.109	0.189	0.000	0.000	0.994
Mufund	20432	0.040	0.060	0.013	0.000	0.270
PPE	20432	0.234	0.172	0.200	0.002	0.737
ROA	20432	0.039	0.065	0.037	-0.354	0.224
Growth	20432	0.230	0.591	0.126	-0.730	4.192
Leverage	20432	0.445	0.212	0.446	0.051	0.999
Size	20432	21.865	1.220	21.732	18.960	25.669
Age	20432	2.707	0.376	2.773	1.099	3.401

注：（1）本表变量定义参考表 7-1；（2）所有的连续变量均在 1% 水平上进行缩尾处理。

另外，在控制变量中，研发投入（*RD*）的均值为0.012，表明样本中公司当年的研发支出占总资产的比率平均为1.2%，其最大值为0.073，表明样本中最多支出7.3%的研发费用。产权性质（*SOE*）的均值为0.422，表明在样本中平均有42.2%的公司其实质控制人为国家。董事会规模（*Boardsize*）的均值为2.264，管理层持股（*Manager*）的均值为0.109。基金公司持股（*Mufund*）的均值为0.040，表明平均有4%的股份由基金公司持有。固定资产比例（*PPE*）均值为0.234，表明公司当年的固定资产占资产总额的比重为23.4%，其中最大值和最小值分别占资产总额的2%和73.7%，表明样本中的资产结构变化较为多样。盈利能力（*ROA*）均值为0.039，表明净利润与资产总额的比率为3.9%，成长性（*Growth*）均值为0.230，表明样本中公司当年的营业收入平均增长23%，体现出较高的增长率。财务杠杆（*Leverage*）的均值为0.445，表明公司平均当年的负债总额占资产总额的44.5%。公司规模（*Size*）的均值为21.865，公司年龄（*Age*）的均值为2.707。

（2）相关性分析

相关性分析的结果如表7-3所示。左下三角为Pearson相关系数，右上三角为Spearman相关系数。其中，委托理财（*Entrustedinvest*）和公司创新的两个变量*Ln_Invention*和*Ln_Patent*的Pearson相关性系数为0.022和0.008，分别在1%水平上显著和不显著，委托理财（*Entrustedinvest*）和公司创新的两个变量*Ln_Invention*和*Ln_Patent*的Spearman相关性系数为0.013和0.003，分别在10%水平上显著和不显著。综合来讲，单独测试委托理财与公司创新的关系并未得到一致的结论。

表 7－3　　委托理财与公司创新相关性系数

		(1)	(2)	(3)	(4)	(5)	(6)	(7)	(8)	(9)	(10)	(11)	(12)	(13)	(14)
Ln_Invention	(1)	1	0.580***	0.013*	0.220***	−0.064***	−0.027***	0.114***	0.068***	0.004	0.055***	0.019***	−0.101***	−0.032***	−0.071***
Ln_Patent	(2)	0.622***	1	0.003	0.211***	−0.025***	−0.014**	0.085***	0.091***	0.024***	0.036***	0.024***	−0.063***	0.021***	−0.083***
Entrustedinvest	(3)	0.022***	0.008	1	0.232***	−0.120***	−0.091***	0.144***	0.067***	−0.122***	0.092***	0.004	−0.185***	0.095***	0.147***
RD	(4)	0.186***	0.187***	0.187***	1	−0.318***	−0.146***	0.444***	0.163***	−0.103***	0.127***	0.042***	−0.342***	−0.083***	−0.051***
SOE	(5)	−0.045***	−0.010	−0.120***	−0.258***	1	0.274***	−0.507***	−0.012*	0.200***	−0.122***	−0.080***	0.287***	0.262***	0.118***
Boardsize	(6)	−0.013**	−0.008	−0.086***	−0.122***	0.275***	1	−0.160***	0.063***	0.149***	0.021***	0.003	0.168***	0.218***	−0.017**
Manager	(7)	0.081***	0.047***	0.101***	0.340***	−0.471***	−0.194***	1	0.168***	−0.168***	0.202***	0.128***	−0.318***	−0.131***	−0.192***
Mufund	(8)	0.052***	0.065***	−0.025***	0.092***	0.003	0.071***	0.025***	1	−0.081***	0.369***	0.202***	−0.046***	0.325***	−0.059***
PPE	(9)	−0.025***	−0.004	−0.133***	−0.167***	0.233***	0.162***	−0.182***	−0.067***	1	−0.140***	−0.099***	0.064***	0	−0.081***
ROA	(10)	0.063***	0.048***	0.085***	0.118***	−0.094***	0.030***	0.140***	0.308***	−0.135***	1	0.310***	−0.357***	0.055***	−0.102***
Growth	(11)	−0.009	−0.009	0.009	−0.019***	−0.056***	−0.021***	0.029***	0.062***	−0.093***	0.184***	1	0.016**	0.087***	−0.097***
Leverage	(12)	−0.073***	−0.043***	−0.184***	−0.312***	0.285***	0.166***	−0.349***	−0.018***	0.110***	−0.335***	0.051***	1	0.434***	0.157***
Size	(13)	0.019***	0.065***	0.090***	−0.115***	0.269***	0.238***	−0.232***	0.150***	0.057***	0.095***	0.064***	0.422***	1	0.228***
Age	(14)	−0.055***	−0.062***	0.144***	−0.085***	0.140***	−0.004	−0.267***	−0.097***	−0.039***	−0.089***	−0.005	0.175***	0.225***	1

注：（1）本表变量定义参考表 7－1；（2）其中，下三角表示 Pearson 相关系数，上三角表示 Spearman 相关系数；（3）*、**、*** 分别表示统计检验在 10%、5% 和 1% 水平上显著。

其他控制变量中，研发投入（*RD*）、管理层持股（*Manager*）、基金公司持股（*Mufund*）、盈利能力（*ROA*）、公司规模（*Size*）与公司创新的两个变量 *Ln_Invention* 和 *Ln_Patent* 的相关系数均为正向且显著，表明当公司投入的研发支出越多，管理层持股比例越多，基金公司持股比例越多，盈利能力越强，公司规模越大时，公司的创新水平越高。仅财务杠杆（*Leverage*）和公司年龄（*Age*）与公司创新的两个变量 *Ln_Invention* 和 *Ln_Patent* 的相关系数为负向且显著，表明公司的负债比率越大、公司上市时间越长，其创新水平较低。

为检查多重共线性问题，本章计算得出自变量方差膨胀因子（*Vif*）最大值为2.19，平均值为1.53，并结合相关系数分析结果，表明总体自变量之间的相关性系数较低，即在本章中多重共线性不会构成严重问题。

（3）回归分析

上市公司委托理财与公司创新的回归结果如表7-4所示。在第（1）列和第（2）列中，未加入控制变量，仅控制年份和行业效应时，委托理财（*Entrustedinvest*）与公司创新（*Ln_Invention*）的相关性系数为-0.023，且不显著，在加入控制变量且控制了行业和年份效应后，相关性系数为-0.061，且在1%水平上显著，结合相关性分析的结果，表明二者的关系受年份和行业效应以及其他公司特征的影响较大。在第（3）列和第（4）列中，公司创新（*Ln_Patent*）与委托理财（*Entrustedinvest*）的相关性系数为-0.055，在10%水平上显著，加入控制变量后，相关性系数为-0.107，且在1%水平上显著，同样说明二者的关系受年份和行业效应以及其他公司特征的影响较大，该结果表明，公司购买委托理财产品时，其企业创新的成果水平较低。这可能是导致上市公司委托理财无法为公司带来长期业绩增长的原因之一。

在控制变量中，研发投入（*RD*）、盈利能力（*ROA*）、公司规模（*Size*）均与 *Ln_Invention* 和 *Ln_Patent* 的相关系数为正且显著，表示在控制其他变量后，公司上一年的研发投入越大，盈利能力越强且公司规模越大时，公司的创新能力越高，这与假设发展部分所论述的创新是长期且需要巨大投入的经济活动，需要长期的资金支持和多次失败才可能成功相一致，研发投入多表明有巨大的资金投入，盈利能力强和公司规模大表明有较高的抗风险能力，且能为创新活动提供较多的资金支持。另外，公司年龄（*Age*）与 *Ln_Invention* 和 *Ln_Patent* 的相关系数为负向且显著，表明公司成立时间越短，其创新水平越高。

表 7-4　委托理财与公司创新回归结果

	$Ln\_Invention_{i,t}$		$Ln\_Patent_{i,t}$	
	(1)	(2)	(3)	(4)
$Entrustedinvest_{i,t-1}$	-0.023	-0.061***	-0.055*	-0.107***
	(0.341)	(0.010)	(0.094)	(0.001)
$RD_{i,t-1}$		6.885***		11.480***
		(0.000)		(0.000)
$SOE_{i,t-1}$		0.037		0.091**
		(0.162)		(0.021)
$Boardsize_{i,t-1}$		0.012		-0.094
		(0.831)		(0.289)
$Manager_{i,t-1}$		0.033		-0.123
		(0.641)		(0.227)

续表

	$Ln\_Invention_{i,t}$		$Ln\_Patent_{i,t}$	
	(1)	(2)	(3)	(4)
$Mufund_{i,t-1}$		0.206		0.449*
		(0.182)		(0.078)
$PPE_{i,t-1}$		-0.130**		-0.044
		(0.039)		(0.672)
$ROA_{i,t-1}$		0.492***		0.462**
		(0.001)		(0.026)
$Growth_{i,t-1}$		-0.007		-0.006
		(0.388)		(0.644)
$Leverage_{i,t-1}$		-0.072		-0.132
		(0.204)		(0.120)
$Size_{i,t-1}$		0.043***		0.119***
		(0.000)		(0.000)
$Age_{i,t-1}$		-0.086**		-0.153***
		(0.011)		(0.003)
$Cons_{i,t-1}$	-0.034	-0.662***	0.007	-1.852***
	(0.421)	(0.004)	(0.923)	(0.000)
Year	Yes	Yes	Yes	Yes
Industry	Yes	Yes	Yes	Yes
观测值	20432	20432	20432	20432
调整 R^2	0.048	0.069	0.060	0.089

注：(1) 本表变量定义参考表7-1；(2) 所有连续变量均在1%水平上进行缩尾处理；(3) 为保证标准误在横截面异方差和序列相关问题上的稳健性，均在公司层面聚类；(4) *、**、*** 分别表示统计检验在10%、5%和1%水平上显著；(5) 本表括号中的值均为p值。

7.2.3 稳健性检验

（1）替换委托理财变量

为了保证结果的稳健性，本节将采用委托理财金额（*Entrustedamount*）变量代替委托理财（*Entrustedinvest*）变量。根据本章假设，当公司购买委托理财产品时，其公司创新水平较低，公司购买的委托理财产品金额越多，那么公司能投入企业创新的资金较少，而且理财产品大多都有一个月以上甚至一年的周期，难以保证公司创新活动的正常持续，因此公司购买委托理财产品的金额越多，其公司创新的水平越低。委托理财金额（*Entrustedamount*）用当期公司时间加权计算的购买委托产品总金额加 1 的自然对数计算，对于未购买委托理财产品的公司，其值为 0。

具体的回归结果如表 7－5 所示。在第（1）列和第（2）列中，未加入控制变量，仅控制年份和行业效应时，委托理财金额（*Entrustedamount*）与公司创新（*Ln_Invention*）的相关性系数为 －0.001，且不显著，在加入控制变量且控制了行业和年份效应后，相关性系数为－0.003，且在 5% 水平上显著，结合相关性分析的结果，表明二者的关系受年份和行业效应以及其他公司特征的影响较大。在第（3）列和第（4）列中，公司创新（*Ln_Patent*）与委托理财金额（*Entrustedamount*）的相关性系数为－0.003，但不显著，加入控制变量后，相关性系数为－0.006，且在 1% 水平上显著，同样说明二者的关系受年份和行业效应以及其他公司特征的影响较大，该结果表明，公司购买委托理财产品的金额越多，其企业创新的成果水平较低。与原有结论保持一致。

表 7-5　　委托理财与公司创新稳健性检验回归结果

——替换委托理财变量

	$Ln\_Invention_{i,t}$		$Ln\_Patent_{i,t}$	
	(1)	(2)	(3)	(4)
$Entrustedamount_{i,t-1}$	-0.001	-0.003**	-0.003	-0.006***
	(0.631)	(0.029)	(0.208)	(0.004)
$RD_{i,t-1}$		6.883***		11.626***
		(0.000)		(0.000)
$SOE_{i,t-1}$		0.039		0.093**
		(0.146)		(0.020)
$Boardsize_{i,t-1}$		0.003		-0.100
		(0.963)		(0.263)
$Manager_{i,t-1}$		0.029		-0.123
		(0.679)		(0.229)
$Mufund_{i,t-1}$		0.204		0.441*
		(0.188)		(0.085)
$PPE_{i,t-1}$		-0.126**		-0.044
		(0.049)		(0.672)
$ROA_{i,t-1}$		0.495***		0.457**
		(0.001)		(0.028)
$Growth_{i,t-1}$		-0.006		-0.005
		(0.459)		(0.697)
$Leverage_{i,t-1}$		-0.068		-0.131
		(0.227)		(0.124)
$Size_{i,t-1}$		0.043***		0.121***
		(0.000)		(0.000)
$Age_{i,t-1}$		-0.086***		-0.152***
		(0.010)		(0.003)
$Cons_{i,t-1}$	-0.037	-0.665***	0.003	-1.879***
	(0.389)	(0.004)	(0.965)	(0.000)

续表

	$Ln\_Invention_{i,t}$		$Ln\_Patent_{i,t}$	
	(1)	(2)	(3)	(4)
Year	Yes	Yes	Yes	Yes
Industry	Yes	Yes	Yes	Yes
观测值	20104	20104	20104	20104
调整 R^2	0.048	0.069	0.060	0.089

注：(1) 本表变量定义参考表7-1；(2) 所有连续变量均在1%水平上进行缩尾处理；(3) 为保证标准误在横截面异方差和序列相关问题上的稳健性，均在公司层面聚类；(4) *、**、*** 分别表示统计检验在10%、5%和1%水平上显著；(5) 本表括号中的值均为p值。

在控制变量中，研发投入（*RD*）、盈利能力（*ROA*）、公司规模（*Size*）均与 *Ln_Invention* 和 *Ln_Patent* 的相关系数为正且显著，表明在控制其他变量后，公司上一年的研发投入越大，盈利能力越强且公司规模越大时，公司的创新能力越高，这与假设发展部分所论述的创新是长期且需要巨大投入的经济活动，需要长期的资金支持和多次失败才可能成功相一致，研发投入多表明有巨大的资金投入，盈利能力强和公司规模大表明有较高的抗风险能力，且能为创新活动提供较多的资金支持。另外，公司年龄（*Age*）与 *Ln_Invention* 和 *Ln_Patent* 的相关系数为负向且显著，表明公司成立时间越短，其创新水平越高。

（2）固定模型

为了降低潜在的内生性问题，比如，由于遗漏不随时间变化的影响委托理财和公司创新的公司特征变量，因此加入公司固定效应，以降低其潜在的内生性问题。

回归结果如表7-6所示。在第（1）列和第（2）列中，未加入控制变量、仅控制年份效应时，委托理财（*Entrustedinvest*）与公司创新（*Ln_Invention*）的相关性系数为-0.052，且在1%水平上显著，在加入控制变量且控制了年份效应后，相关性系数为-0.055，仍在1%水平上显著。在第（3）列和第（4）列中，公司创新（*Ln_Patent*）与委托理财（*Entrustedinvest*）的相关性系数为-0.088，在1%水平上显著，加入控制变量后，相关性系数为-0.090，仍在1%水平上显著。该结果表明，公司购买委托理财时，其企业创新的成果水平较低，这可能是导致上市公司委托理财无法为公司带来长期业绩增长的原因之一。

表7-6　委托理财与公司创新稳健性检验回归结果——固定效应

	$Ln\_Invention_{i,t}$		$Ln\_Patent_{i,t}$	
	(1)	(2)	(3)	(4)
$Entrustedinvest_{i,t-1}$	-0.052***	-0.055***	-0.088***	-0.090***
	(0.009)	(0.006)	(0.002)	(0.002)
$RD_{i,t-1}$		3.177***		5.636***
		(0.000)		(0.000)
$SOE_{i,t-1}$		0.006		0.108*
		(0.877)		(0.051)
$Boardsize_{i,t-1}$		-0.004		-0.081
		(0.946)		(0.411)
$Manager_{i,t-1}$		0.144		0.009
		(0.178)		(0.955)
$Mufund_{i,t-1}$		-0.188		0.061
		(0.254)		(0.798)

续表

	$Ln\_Invention_{i,t}$		$Ln\_Patent_{i,t}$	
	(1)	(2)	(3)	(4)
$PPE_{i,t-1}$		0.006		0.069
		(0.926)		(0.508)
$ROA_{i,t-1}$		0.356***		0.651***
		(0.003)		(0.000)
$Growth_{i,t-1}$		-0.007		-0.015
		(0.344)		(0.198)
$Leverage_{i,t-1}$		0.007		0.162**
		(0.894)		(0.039)
$Size_{i,t-1}$		-0.001		0.005
		(0.961)		(0.813)
$Age_{i,t-1}$		-0.058		0.140
		(0.573)		(0.345)
$Cons_{i,t-1}$	0.188***	0.294	0.354***	-0.076
	(0.000)	(0.435)	(0.000)	(0.893)
Year	Yes	Yes	Yes	Yes
Industry	No	No	No	No
Firm	Yes	Yes	Yes	Yes
观测值	20432	20432	20432	20432
调整 R^2	0.016	0.018	0.011	0.015

注：（1）本表变量定义参考表7-1；（2）所有连续变量均在1%水平上进行缩尾处理；（3）为保证标准误在横截面异方差和序列相关问题上的稳健性，均在公司层面聚类；（4）*、**、***分别表示统计检验在10%、5%和1%水平上显著；（5）本表括号中的值均为p值。

在控制变量中，研发投入（*RD*）、盈利能力（*ROA*）与 *Ln_Invention* 和 *Ln_Patent* 的相关系数为正且显著，表明在控制其他变量后，公司上一年的研发投入越大，盈利能力越强时，公司的创新能力越高，这与假设发展部分所论述的创新是一项长期且需要巨大投入的经济活动，需要长期的资金支持和多次失败才可能成功相一致，研发投入多表明有巨大的资金投入，盈利能力强表明有较高的抗风险能力，且能为创新活动提供较多的资金支持。另外，公司规模（*Size*）和公司年龄（*Age*）与公司创新变量的关系不再显著，这表明存在遗漏变量导致二者与公司创新关系的问题。

（3）Heckman 两阶段

为了降低由于自变量自选择产生的内生性问题，采用 Heckman 两阶段回归法。第一阶段将影响自变量的因素与外生工具变量进行 Probit 回归，得出逆米尔斯比率，带入到原本的回归模型中，再次检验自变量与因变量的关系。

在第一阶段中，选择影响委托理财但可能不影响企业创新的外生工具变量委托理财均值（*Entrusted_mean*）。在上市公司进行委托理财的选择决策时，由于行业内公司有互相效仿模拟的行为，行业内其他公司是否购买委托理财很有可能影响该公司的行为决策，当上市公司所在行业购买委托理财产品越多时，该公司更可能进行委托理财，但是该公司的创新水平并不受该行业委托理财整体情况的影响。具体地，用分年份和行业的委托理财发生比率的均值进行衡量。另外，选取影响委托理财的影响因素（见第 4 章）具体包括：产权性质（*SOE*，公司的实质控制人为国有时取值为 1，否则为 0）、董事会规模（*Boardsize*，公司董事会人数总数加 1 的自然对数）、独立董事（*Independence*，公司独立董事人数占董事会总人数的比例）、两职合一（*Duality*，公司的董事长同时兼任该公司的总经理则取值为 1，否则为 0）、管理层持股（*Manager*，公司管理层持有该公司股票数占总股票数的比例)、基金持股(*Mufund*，基金公司持有该公司股票数占总股票数的比例)、经营业绩(*ROA*，公司当年净利润占资产总额比例)、股权融资(*Equityfinance*，公司当年通过首发上市、增发和配股方式融资获得的资金总额除以资产总额)、债权融资(*Loan*，公司当年通过银行借入资金总额除以资产总额)、现金比率(*Cash*，公司当年的经营活动现金净流量除以资产总额)、资本支出(*Capex*，公司购建固定资产、无形资产和其他长期资产支付的现金与处置固定资产、无形资产和其他长期资产回收的现金的差额除以资产总额)、成长性(*Growth*，公司当年营业收入总额与上一年营业收入总额的差额除以上一年营业收入总额)、财务杠杆(*Leverage*，公司的负债总额与资产总额的比值)、公司规模(*Size*，公司资产总额的自然对数)、公司年龄(*Age*，当年减去上市公司成立年份加1的自然对数)。将以上变量与委托理财(*Entrustedinvest*)进行第一阶段的Probit回归，得到逆米尔斯比，代入到模型(7-1)中，如果委托理财(*Entrustedinvest*)的回归系数仍保持显著负相关，则说明委托理财的自选择问题并不影响二者的关系。

回归结果如表7-7所示。第(1)列报告了第一阶段的回归结果，其中，工具变量委托理财均值(*Entrusted_mean*)弱相关工具变量检验的F值为129.33，大于10，满足工具变量相关性的要求，由于仅有一个工具变量，因此不存在过度识别问题。第(2)列和第(3)列为加入逆米尔斯比后模型(7-1)的回归结果。其中，委托理财(*Entrustedinvest*)的回归系数分别为-0.054和-0.094，分别在5%和1%的水平上显著，即仍保持显著负相关，说明委托理财的自选择问题并不影响二者的关系。

表7-7 委托理财与公司创新稳健性检验回归结果——Heckman 模型

	$Entrustedinvest_{i,t-1}$		$Ln\_Invention_{i,t}$	$Ln\_Patent_{i,t-1}$
	(1)		(2)	(3)
$Entrusted\_mean_{i,t-1}$	3.516***	$Entrustedinvest_{i,t-1}$	-0.054**	-0.094***
	(0.000)		(0.024)	(0.006)
$SOE_{i,t-1}$	-0.090*	$RD_{i,t-1}$	6.636***	11.384***
	(0.083)		(0.000)	(0.000)
$Boardsize_{i,t-1}$	-0.243*	$SOE_{i,t-1}$	0.034	0.093**
	(0.051)		(0.217)	(0.023)
$Independence_{i,t-1}$	-0.454	$Boardsize_{i,t-1}$	0.003	-0.092
	(0.148)		(0.957)	(0.324)
$Manager_{i,t-1}$	-0.149	$Manager_{i,t-1}$	0.033	-0.117
	(0.163)		(0.645)	(0.262)
$Duality_{i,t-1}$	0.071*	$Mufund_{i,t-1}$	0.185	0.411
	(0.075)		(0.232)	(0.111)
$Mufund_{i,t-1}$	-0.159	$PPE_{i,t-1}$	-0.121*	-0.036
	(0.633)		(0.060)	(0.739)
$ROA_{i,t-1}$	1.079***	$ROA_{i,t-1}$	0.532***	0.476**
	(0.001)		(0.001)	(0.039)
$Equityfinance_{i,t-1}$	-0.002	$Growth_{i,t-1}$	-0.007	-0.005
	(0.459)		(0.427)	(0.700)
$Loan_{i,t-1}$	0.110	$Leverage_{i,t-1}$	-0.092	-0.129
	(0.389)		(0.303)	(0.341)
$Cash_{i,t-1}$	0.135	$Size_{i,t-1}$	0.043***	0.118***
	(0.481)		(0.001)	(0.000)
$Capex_{i,t-1}$	-0.004	$Age_{i,t-1}$	-0.089**	-0.153***
	(0.989)		(0.010)	(0.004)
$Growth_{i,t-1}$	0.003	$Invmills_{i,t-1}$	0.019	0.001
	(0.878)		(0.691)	(0.985)

续表

	$Entrustedinvest_{i,t-1}$		$Ln\_Invention_{i,t}$	$Ln\_Patent_{i,t-1}$
	(1)		(2)	(3)
$Leverage_{i,t-1}$	-1.651***			
	(0.000)			
$Size_{i,t-1}$	0.178***			
	(0.000)			
$Age_{i,t-1}$	0.098			
	(0.131)			
$Cons_{i,t-1}$	-4.862***	$Cons_{i,t-1}$	-0.679**	-1.830***
	(0.000)		(0.039)	(0.001)
Year	Yes	Year	Yes	Yes
Industry	Yes	Industry	Yes	Yes
观测值	19442	观测值	19442	19442
拟合 R^2	0.243	调整 R^2	0.067	0.088

注：（1）本表变量定义参考表7-1；（2）所有连续变量均在1%水平上进行缩尾处理；（3）为保证标准误在横截面异方差和序列相关问题上的稳健性，均在公司层面聚类；（4）*、**、***分别表示统计检验在10%、5%和1%水平上显著；（5）本表括号中的值均为p值。

（4）工具变量法

上市公司委托理财与公司创新有可能存在互为因果的关系。例如，由于公司需要进行创新，且需要大量的资金支出，因此降低委托理财投资，为创新活动提供资金支持。因此本节将用工具变量法解决委托理财与公司创新可能存在的互为因果的问题。

工具变量的基本思路为：将内生变量与外生工具变量和其他控制变量进行回归，得出内生变量的拟合数，将其代替原有的变量参与原有回归，观察其回归系数。因此选择影响委托理财但可能不影响企业创新的外生工具变量委托理财均值（*Entrusted_mean*）。在上市公司进行委托理财的选择决策时，由于行业内公司有互相效仿模拟的行为，行业内其他公司是否购买委托理财很有可能影响该公司的行为决策，当上市公司所在行业购买委托理财产品越多时，该公司更可能进行委托理财，但是该公司的创新水平并不受该行业委托理财整体情况的影响。具体地，用分年份和行业的委托理财发生的均值进行衡量。工具变量委托理财均值（*Entrusted_mean*）弱相关工具变量检验的F值为129.33，大于10，满足工具变量相关性的要求，由于仅有一个工具变量，因此不存在过度识别问题。

具体的回归结果如表7－8所示。其中，第（1）列报告了第一阶段的回归结果，委托理财均值（*Entrusted_mean*）与委托理财（*Entrustedinvest*）的相关系数为0.946，且在1%水平上显著。第（2）列和第（3）列报告了工具变量回归的结果。其中，委托理财变量 *Entrusted_instr* 与公司创新变量 *Ln_Invention* 和 *Ln_Patent* 的回归系数分别为－0.237和－0.527，表明委托理财降低了公司创新水平，说明该内生性问题并不影响委托理财与公司创新的关系，与原结论保持一致。

表7－8 委托理财与公司创新稳健性检验回归结果——工具变量法

	$Entrustedinvest_{i,t-1}$	$Ln\_Invention_{i,t}$	$Ln\_Patent_{i,t-1}$
	(1)	(2)	(3)
$Entrusted\_mean_{i,t-1}$	0.946***		
	(0.000)		
$Entrusted\_instr_{i,t-1}$		－0.237**	－0.527***
		(0.049)	(0.004)
$RD_{i,t-1}$	0.962***	7.076***	11.936***
	(0.003)	(0.000)	(0.000)

续表

	$Entrustedinvest_{i,t-1}$	$Ln\_Invention_{i,t}$	$Ln\_Patent_{i,t-1}$
	(1)	(2)	(3)
$SOE_{i,t-1}$	-0.015	0.035	0.085**
	(0.145)	(0.197)	(0.034)
$Boardsize_{i,t-1}$	-0.028	0.007	-0.107
	(0.238)	(0.904)	(0.231)
$Manager_{i,t-1}$	-0.025	0.028	-0.134
	(0.365)	(0.688)	(0.191)
$Mufund_{i,t-1}$	-0.144**	0.178	0.382
	(0.011)	(0.247)	(0.134)
$PPE_{i,t-1}$	-0.174***	-0.162**	-0.120
	(0.000)	(0.018)	(0.287)
$ROA_{i,t-1}$	0.133**	0.516***	0.518**
	(0.034)	(0.000)	(0.014)
$Growth_{i,t-1}$	0.000	-0.007	-0.005
	(0.932)	(0.410)	(0.686)
$Leverage_{i,t-1}$	-0.323***	-0.129*	-0.268**
	(0.000)	(0.063)	(0.011)
$Size_{i,t-1}$	0.037***	0.049***	0.135***
	(0.000)	(0.000)	(0.000)
$Age_{i,t-1}$	0.025*	-0.081**	-0.141***
	(0.058)	(0.018)	(0.007)
$Cons_{i,t-1}$	-0.535***	-0.757***	-2.078***
	(0.000)	(0.002)	(0.000)
Year	Yes	Yes	Yes
Industry	Yes	Yes	Yes
观测值	20432	20432	20432
调整 R^2	0.212	0.063	0.075

注：(1) 本表变量定义参考表7-1；(2) 所有连续变量均在1%水平上进行缩尾处理；(3) 为保证标准误在横截面异方差和序列相关问题上的稳健性，均在公司层面聚类；(4) *、**、*** 分别表示统计检验在10%、5%和1%水平上显著；(5) 本表括号中的值均为p值。

7.2.4　进一步研究

正如上文所述，创新是一项需要长期投入且需要经历大量失败后才可能成功的企业经营活动（Holmstrom，1989）。在这一过程中，一方面需要大量的资金支持，另一方面需要企业具有长期的战略目标和参与创新活动的意愿。当上市公司购买委托理财产品时，由于现金流的有限性和创新活动需要大量资金支持的冲突以及委托理财的短期获得回报的动机和企业创新活动的长期战略性的冲突，导致上市公司创新成果的降低，不利于企业长期的发展。因此本节将从此展开，进一步探讨在不同环境下，上市公司购买委托理财产品与公司创新二者关系的变化。

（1）现金持有的调节作用

从资源配置的角度来讲，公司所拥有的闲置资金实质上是企业获得的一种资源，这种资源既可以用于财务性投资，以坐收短期获得的投资收益；也可以用于生产经营，例如扩大生产规模、投资营销、产品创新投入等。当公司将所拥有的闲置资金用于金融性投资时，不再将这种资源用于生产经营，特别是研发投入。创新是一个高成本、高风险以及回报难以预测的过程（Sood and Tellis，2009），需要大量的资金支持，例如，Francis 和 Smith（1995）发现长期的资本支出会降低企业创新。正如上文所述，委托理财作为一种上市公司获取投资收益以提高经营业绩的方式（陈湘永和丁楹，2002），其动机来源于获取投资收益，提升公司业绩，在上市公司获取利益的驱动下，可能将资金用于委托理财，而非生产经营（例如扩大生产规模、投资营销、产品创新投入等）。从公司发展的角度来讲，购买委托理财产品的公司通过投资获取短期收益，解决短期面临的收益低、绩效差的问题，这一部分的资本支出并未考虑到企业长远的发展，会忽视创新这种作为增强公司核心竞争力的手段。由此得出购买委托理财产品的公司的研发投入可能较低。

当上市公司的现金流较多时，上市公司所拥有的可以用于投资的总体现金较多，即管理层所持有的可用于操控的现金较多，有更多的可利用资金进行自利行为（Jensen，1986）。当公司进行投资决策时，按照其原有选择的惯性，可能会将所拥有的资金或者投入委托理财，或者根据自身的发展需要投入企业的创新活动。此时，委托理财与公司创新的负向关系将更加明显。另外，当上市公司所拥有的总体可用于投资的现金较少时，公司管理层所持有的现金也相对较少，因此其可用于自利行为的资金水平也相对较低，需要对各个潜在的投资项目进行权衡，对所持有的资金进行合理利用，从而削弱了委托理财对创新活动的抑制作用。

根据这一理论，本节将所筛选得到的观测值样本，按照上市公司所在“行业—年份”现金持有情况的中位数进行划分，其中，高于公司所在“行业—年份”现金持有情况中位数的公司划分为“高现金流组”，低于公司所在“行业—年份”现金持有情况中位数的公司划分为“低现金流组”。将两个子样本对模型（7－1）重新回归，通过组间检验的方法，以验证上市公司的现金持有水平对委托理财和公司创新关系的调节作用。

回归结果如表7－9所示。其中第（1）列为“高现金流组”，委托理财（*Entrustedinvest*）与公司创新（*Ln_Patent*）的相关系数为－0.141，且在1%水平上显著，表明在“高现金流组”中，上市公司购买委托理财产品显著降低了企业创新。第（2）列为“低现金流组”，委托理财（*Entrustedinvest*）与公司创新（*Ln_Patent*）的相关系数为 -0.077，并且通过组间系数检验。Z 值所对应的 P 值为0.078，在10%水平上显著，这表明与“高现金流组”相比，在“低现金流组”中，上市公司购买委托理财产品降低企业创新的程度较弱，说明较高的现金流在上市公司中加剧了委托代理问题，导致其自利行为更加明显，此时上市公司购买委托理财产品更能降低企业创新。

（2）独立董事的调节作用

如前所述，上市公司购买委托理财产品的行为主要是由于缺乏监管，特别是在公司内部结构特征方面（巴曙松，2001）。在现有的研究中，合理的公司内部结构可以减少董事会和管理层的自利行为，减少购买委托理财产品的可能性，但不合理的治理结构，例如，董事会的权力过大（巴曙松，2001）、两职合一（徐永新，2009）均会增加委托理财行为。徐永新（2009）研究发现，公司内部的监督水平会影响公司管理层的自主投资行为，从而影响上市公司委托理财的概率。虽然购买委托理财产品的公司短期内有较好的经营业绩，但购买委托理财产品并不能给企业带来长期较高的经营业绩。相比之下，企业的创新活动是一种只有在大量失败之后才能成功的经营活动（Holmstrom，1989）。研发投资将为企业带来未来的利润和价值（Sougiannis，1994）。在这个过程中，不仅需要大量的资金支持，更需要企业长期参与创新活动的意愿。例如，Xue（2007）发现，通过与长期业绩挂钩，可以促进管理层进行内部技术创新，这是因为当公司选择内部技术开发来提高其经营业绩时，公司的战略风险很高，此时管理层的激励计划通过更多的股权激励甚至期权激励，将管理层行为与股东的价值挂钩，有更长远的战略思想。因此，上市公司短期内的自利行为所导致的委托理财产品购买，将无助于公司选择创新的模式来提升竞争力。作为创新活动的一部分，研发最终可能为公司带来新产品，提高公司行业竞争力，成为新的利润增长点。

当公司的内部治理机构较为健全、制度相对完善时，通过公司内部不同部门之间权力的权衡，可以降低某一权力过强而导致的自利行为，例如，委托理财。因此本节以独立董事比例作为视角研究在不同的治理环境下，委托理财与公司创新的关系。一般认为，独立董事参加到法人治理中，能够通过间接的方式，分享和形成企业的控制权，成为一种共同治理企业的替代形式（郭强和蒋东生，2003），这一过程中独立董事成为“短期合约的裁定人和边际调整人”（郭强和蒋东生，2003）。另外，在中国的上市公司中，独立董事大多有较高的专业知识和学术背景，能够较好地帮助企业进行决策。独立董事对上市公司及其股东承担的责任，已有文献提供了关于独立董事作用的混合证据。最近的一些研究发现，独立董事在中国很有效。例如，独立董事可以提高银行的绩效和资产质量（Liang et al.，2013），提高管理预测的准确性（Song et al.，2013）。因此，当公司独立董事比例较高时，意味着公司内部监督环境较好，代理成本较低，此时管理层可以从短期的自利行为（例如，委托理财）和长期的业绩发展（公司创新）中作出正确的决策，降低上市公司委托理财对企业创新的减弱作用。相反，当公司独立董事比例较低时，意味着公司内部监督环境较差，代理成本较高，此时管理层的行为受到较少的监管，加剧了上市公司委托理财对企业创新的减弱作用。

根据这一理论，本节将前文介绍的样本观测值按照上市公司所在“行业—年份”独立董事比例的中位数进行划分，其中，高于公司所在“行业—年份”独立董事比例中位数的公司划分为“高独董比例组”，低于公司所在“行业—年份”独立董事比例中位数的公司划分为“低独董比例组”。将两个子样本对模型（7-1）重新回归，通过组间检验的方法，以验证独立董事比例对委托理财和公司创新关系的调节作用。

回归结果如表7-9所示。其中，第（3）列为“高独董比例组”，委托理财（*Entrustedinvest*）与公司创新（*Ln_Patent*）的相关系数为-0.062，但并不显著，表明在“高独董比例组”中，上市公司购买委托理财产品并未显著降低企业创新。第（4）列为“低独董比例组”，委托理财（*Entrustedinvest*）与公司创新（*Ln_Patent*）的相关系数为-0.139，并且通过组间系数检验。Z值所对应的p值为0.041，在5%水平上显著，这表明与“高独董比例组”相比，在“低独董比例组”中，上市公司购买委托理财产品降低企业创新的程度强，说明较高的独立董事比例可以通过加强企业自身的公司内部监督作用，从而抑制委托理财过程中的自利行为，此时上市公司购买委托理财产品降低企业创新的作用较弱。

表7-9　　委托理财与公司创新进一步测试结果

	$Ln\_Patent_{i,t}$			
	高现金流组	低现金流组	高独董比例组	低独董比例组
	(1)	(2)	(3)	(4)
$Entrustedinvest_{i,t-1}$	-0.141***	-0.077*	-0.062	-0.139***
	(0.002)	(0.076)	(0.208)	(0.001)
$RD_{i,t-1}$	12.417***	10.161***	10.121***	12.296***
	(0.000)	(0.000)	(0.000)	(0.000)

续表

	$Ln\_Patent_{i,t}$			
	高现金流组	低现金流组	高独董比例组	低独董比例组
	(1)	(2)	(3)	(4)
$SOE_{i,t-1}$	0.054	0.133***	0.108*	0.086*
	(0.284)	(0.005)	(0.071)	(0.067)
$Boardsize_{i,t-1}$	-0.004	-0.190*	-0.224*	-0.117
	(0.971)	(0.070)	(0.054)	(0.404)
$Manager_{i,t-1}$	-0.218*	-0.004	0.035	-0.212
	(0.090)	(0.976)	(0.788)	(0.125)
$Mufund_{i,t-1}$	0.303	0.729**	0.597	0.374
	(0.361)	(0.034)	(0.124)	(0.218)
$PPE_{i,t-1}$	-0.105	0.022	0.069	-0.113
	(0.431)	(0.855)	(0.626)	(0.371)
$ROA_{i,t-1}$	0.353	0.564**	0.149	0.638**
	(0.243)	(0.015)	(0.590)	(0.019)
$Growth_{i,t-1}$	-0.009	-0.003	0.003	-0.013
	(0.651)	(0.871)	(0.847)	(0.485)
$Leverage_{i,t-1}$	-0.103	-0.158	-0.163	-0.114
	(0.368)	(0.101)	(0.193)	(0.260)
$Size_{i,t-1}$	0.133***	0.107***	0.122***	0.123***
	(0.000)	(0.000)	(0.000)	(0.000)
$Age_{i,t-1}$	-0.226***	-0.080	-0.108	-0.182***
	(0.001)	(0.169)	(0.113)	(0.007)
$Cons_{i,t-1}$	-2.086***	-1.629***	-1.794***	-1.745***
	(0.001)	(0.000)	(0.001)	(0.004)
Year	Yes	Yes	Yes	Yes
Industry	Yes	Yes	Yes	Yes

续表

	$Ln\_Patent_{i,t}$			
	高现金流组	低现金流组	高独董比例组	低独董比例组
	(1)	(2)	(3)	(4)
观测值	10144	10288	7724	12708
调整 R^2	0.071	0.077	0.086	0.091

注：(1) 本表变量定义参考表7-1；(2) 所有连续变量均在1%水平上进行缩尾处理；(3) 为保证标准误在横截面异方差和序列相关问题上的稳健性，均在公司层面聚类；(4) *、**、*** 分别表示统计检验在10%、5%和1%水平上显著；(5) 本表括号中的值均为p值。

本节对委托理财与公司创新的关系进行了实证分析。选取中国2007—2018年在沪深交易所上市的A股上市公司为初始样本，研究发现，上市公司购买委托理财产品会降低公司创新水平，即与未购买委托理财产品的上市公司相比，购买委托理财产品的公司其创新水平越低，这一结论在替代委托理财变量、固定效应、Heckman两阶段和工具变量法等一些列稳健性检验中仍保持成立。进一步研究中发现，当上市公司的现金流持有越多、独立董事比例较低时，上市公司购买委托理财产品行为对公司创新的降低作用更加显著，这表明良好的公司内部结构有助于降低自利行为导致的长期公司利益损失。

由此，上市公司购买委托理财产品的行为确实会导致其创新活动的降低，上市公司购买委托理财产品为企业带来了隐患，即上市公司由于无法通过创新这种可以创造持久竞争力的方式为企业在市场的生存获得竞争来源，这将导致委托理财不利于上市公司长期的生产活动和业绩发展。

7.3 委托理财与盈余持续性关系检验

本节按照7.1部分有关委托理财与盈余持续性的逻辑分析，实证研究上市公司委托理财与盈余持续性的关系。具体地，首先进行研究设计，其次为实证分析，最后进行稳健性检验并得出有关上市公司委托理财行为对盈余持续性影响的结论。

7.3.1 研究设计

（1）样本选择与数据来源

为了研究委托理财与盈余持续性的关系，最初样本为2001—2018年在中国上交所和深交所上市的所有A股公司。本节选择2001年作为研究的起点，是由于自2001年起，证监会首次要求上市公司在年报中公开披露有关上市公司购买委托理财产品的行为，2018年为本书研究开始时可获取数据的最新年份。本节对样本进行如下筛选：①删除金融行业的公司（例如，银行、基金公司、证券公司、信托公司等）；②删除财务杠杆大于1的观测值；③删除存在缺失值的观测值。最终得到22476条“公司—年份”观测值，涉及2493家上市公司。所有数据均来自国泰安（CSMAR）数据库。不同面板由于样本期间不同，其观测值数量可能存在差异。

（2）模型设计

为了检验上市公司委托理财与公司盈余持续性的关系，参考已有研究Sloan（1996）的方法，通过一阶线性自回归模型，采用当期盈余情况与下期盈余情况的回归系数，以度量和反映盈余持续性，为了降低其他因素的影响，加入可能影响公司业绩的变量（Anderson and Reeb，2003；Maury，2006），模型设计具体如式（7－2）所示：

$$Earning_{i,t} = \alpha_0 + \alpha_1 Earning_{i,t-1} + \alpha_2 Entrustedamount_{i,t-1} + \alpha_3 Entrustedamount_{i,t-1} \times Earning_{i,t-1} + \alpha_4 SOE_{i,t-1} + \alpha_5 Boardsize_{i,t-1} + \alpha_6 Duality_{i,t-1} + \alpha_7 Mufund_{i,t-1} + \alpha_8 Growth_{i,t-1} + \alpha_9 Leverage_{i,t-1} + \alpha_{10} Size_{i,t-1} + \alpha_{11} Age_{i,t-1} + \sum Industry + \sum Year + \varepsilon_{i,t} \qquad 式（7-2）$$

其中，α_i 表示回归系数，$\varepsilon_{i,t}$为残差。$Earning_{i,t}$为因变量，表明公司当期的盈余情况。$Earning_{i,t-1}$和 $Entrustedamount_{i,t-1}$为主测试自变量，分别表示上一期的公司盈余情况和公司上一期购买委托理财产品的金额。其中，系数 α_3 表示委托理财与公司盈余持续性的关系，当系数 α_3 为不显著和负向显著时，分别表明委托理财无法提高盈余持续性和降低盈余持续性，其余为控制变量。考虑到不同行业和年份的影响，加入行业和年份哑变量以控制行业和年份效应。另外，采用滞后一期的自变量和当期因变量进行回归以降低潜在的内生性问题。连续变量均在1%水平上进行了缩尾处理。

为了进一步研究上市公司委托理财行为与公司未来多期盈余持续性的关系，在参考已有研究 Sloan（1996）的一阶线性自回归模型的基础上，增加公司多期的盈余情况和委托理财情况，以研究委托理财与公司未来多期盈余持续性的关系。模型设计具体如式（7－3）所示：

$$Earning_{i,t} = \alpha_0 + \alpha_1 Earning_{i,t-1} + \alpha_2 Entrustedamount_{i,t-1} + \alpha_3 Entrustedamount_{i,t-1} \times Earning_{i,t-1} + \alpha_4 Earning_{i,t-2} + \alpha_5 Entrustedamount_{i,t-2} + \alpha_6 Entrustedamount_{i,t-2} \times Earning_{i,t-2} + \alpha_7 Earning_{i,t-3} + \alpha_8 Entrustedamount_{i,t-3} + \alpha_9 Entrustedamount_{i,t-3} \times$$

$Earning_{i,t-3} + \alpha_{10} SOE_{i,t-1} + \alpha_{11} Boardsize_{i,t-1} + \alpha_{12} Duality_{i,t-1} + \alpha_{13} Mufund_{i,t-1} + \alpha_{14} Growth_{i,t-1} + \alpha_{15} Leverage_{i,t-1} + \alpha_{16} Size_{i,t-1} + \alpha_{17} Age_{i,t-1} + \sum Industry + \sum Year + \varepsilon_{i,t}$ 式（7 - 3）

其中，α_i 表示回归系数，$\varepsilon_{i,t}$为残差。与模型（7 - 2）相似，$Earning_{i,t}$是因变量，表示公司当期的盈余情况。$Earning_{i,t-1}$和 $Entrustedamount_{i,t-1}$为主测试自变量，分别表示滞后一期的公司盈余情况和公司滞后一期的购买委托理财金额。$Earning_{i,t-2}$和 $Entrustedamount_{i,t-2}$为主测试自变量，分别表示滞后二期的公司盈余情况和公司滞后二期的购买委托理财金额。$Earning_{i,t-3}$和 $Entrustedamount_{i,t-3}$为主测试自变量，分别表示滞后三期的公司盈余情况和公司滞后三期的购买委托理财金额。系数 α_3、α_6、α_9 分别表示不同期间委托理财与公司盈余持续性的关系，当系数 α_3、α_6、α_9 为不显著和负向显著时，分别表示不同期间的委托理财无法提高盈余持续性和降低盈余持续性，其余为控制变量。考虑到不同行业和年份的影响，加入行业和年份哑变量以控制行业和年份效应。另外，采用滞后一期的自变量和当期因变量进行回归以降低潜在的内生性问题。连续变量均在 1% 水平上进行了缩尾处理。

（3）变量定义

因变量：公司盈余。参考 Sloan（1996）的研究，结合本书的研究内容，采用营业利润除以资产总额衡量公司的盈余情况，用符号 *Earning* 表示。当 *Earning* 数值越大时，表明公司的盈余情况越好。

自变量：委托理财金额。为了进一步研究上市公司委托理财与盈余持续性的关系，采用委托理财金额对上市公司的委托理财情况予以衡量，计算方法为通过期间加权计算的上市公司的委托理财金额除以当期资产总额。与采用上市公司当年是否购买委托理财产品进行衡量的方法比，可以更加直观地观测委托理财数额对盈余持续性的影响。另外，当上市公司当年未进行委托理财活动时，该值为0。

控制变量。参考已有研究（Sloan，1996；Anderson and Reeb，2003；Maury，2006），选用以下变量作为研究上市公司委托理财和盈余持续性关系的控制变量：产权性质（*SOE*，公司的实质控制人为国有时取值为1，否则为0）、董事会规模（*Boardsize*，公司董事会人数总数加1的自然对数）、两职合一（*Duality*，公司的董事长同时兼任总经理时，取值为1，否则为0）、基金公司持股（*Mufund*，基金公司持有该公司股票数占总股票数的比例）、成长性（*Growth*，公司当年营业收入总额与上一年营业收入总额的差额除以上一年营业收入总额）、财务杠杆（*Leverage*，公司负债总额与资产总额的比值）、公司规模（*Size*，公司资产总额的自然对数）、公司年龄（*Age*，当年减去上市公司成立年份加1的自然对数）。相关变量定义如表7-10所示。

表7-10　　委托理财与盈余持续性变量定义表

变量	符号	定义
公司盈余	*Earning*	公司营业利润除以资产总额
委托理财金额	*Entrustedamount*	公司当期时间加权计算的购买委托产品总金额加1的自然对数，对于未购买委托理财产品的公司，其值为0
产权性质	*SOE*	公司的实质控制人为国有时取值为1，否则为0
董事会规模	*Boardsize*	公司董事会人数总数加1的自然对数
两职合一	*Duality*	公司的董事长同时兼任该公司的总经理则取值为1，否则为0

续表

变量	符号	定义
管理层持股	*Manager*	公司管理层持有该公司股票数占总股票数的比例
基金公司持股	*Mufund*	基金公司持有该公司股票数占总股票数的比例
成长性	*Growth*	公司当年营业收入总额与上一年营业收入总额的差额除以上一年营业收入总额
财务杠杆	*Leverage*	公司负债总额与资产总额的比值
公司规模	*Size*	公司资产总额的自然对数
公司年龄	*Age*	当年减去上市公司成立年份加 1 的自然对数

7.3.2 实证分析

(1) 描述性统计

描述性统计结果如表 7-11 所示。公司盈余（*Earning*）的均值为0.036，最小值、最大值分别为-0.240 和0.227，表明在观测值中平均公司的盈余为3.6%，最低为-24.0%，最高为22.7%，中位数为0.035，基本与均值持平，表明公司盈余（*Earning*）变量的分布较为均衡且差异较大。委托理财金额（*Entrustedamount*）的均值为0.001，表明在样本的观测值中，公司平均将资产总额的1%用于投资理财，标准差为0.005，最小值为0.000，最大值为0.036。

另外，产权性质（*SOE*）的均值为0.450，表明在样本中平均有45.0%的公司其实质控制人为国家，大约占据一半的比重。董事会规模（*Boardsize*）的均值为2.272，表明上市公司每年董事会的人数大约为9 个。两职合一（*Duality*）的均值为0.230，表明样本中的上市公司平均有23%的董事长同时兼任总经理。基金公司持股（*Mufund*）的均值为0.039，表明平均有3.9%的股份由基金公司持有。成长性（*Growth*）均值为0.232，表明样本中公司当年的营业收入平均增长23.2%，体现出较高的增长率。财务杠杆（*Leverage*）的均值为0.447，表明公司平均当年的负债总额占资产总额的44.7%。公司规模（*Size*）的均值为21.819，公司年龄（*Age*）的均值为2.665。以上结果与第4章的描述性统计结果基本一致。

表7-11　委托理财与盈余持续性描述性统计结果

变量	观测值	均值	标准差	中位数	最小值	最大值
Earning	22476	0.036	0.067	0.035	-0.240	0.227
Entrustedamount	22476	0.001	0.005	0.000	0.000	0.036
SOE	22476	0.450	0.497	0.000	0.000	1.000
Boardsize	22476	2.272	0.181	2.303	1.792	2.773
Duality	22476	0.230	0.421	0.000	0.000	1.000
Mufund	22476	0.039	0.061	0.011	0.000	0.290
Growth	22476	0.232	0.583	0.130	-0.630	4.172
Leverage	22476	0.447	0.207	0.450	0.048	0.891
Size	22476	21.819	1.200	21.690	19.224	25.288
Age	22476	2.665	0.397	2.708	1.099	3.367

注：（1）本表变量定义参考表7-10；（2）所有的连续变量均在1%水平上进行缩尾处理。

（2）相关性分析

相关性分析的结果如表7-12所示。左下三角为Pearson相关系数，右上三角为Spearman相关系数。其中，委托理财金额（*Entrustedamount*）和公司盈余（*Earning*）变量Pearson和Spearman相关性系数分别为0.066和0.108，均在1%水平上显著，说明上市公司委托理财产品购买金额与公司的盈余存在正相关关系。

表 7-12　委托理财与盈余持续性相关性系数

		(1)	(2)	(3)	(4)	(5)	(6)	(7)	(8)	(9)	(10)
Earning	(1)	1	0.108***	-0.086***	0.025***	0.020***	0.347***	0.232***	-0.287***	0.049***	-0.062***
Entrustedamount	(2)	0.066***	1	-0.146***	-0.105***	0.080***	0.081***	-0.008	-0.205***	0.080***	0.169***
SOE	(3)	-0.052***	-0.098***	1	0.280***	-0.272***	-0.031***	-0.065***	0.270***	0.229***	0.048***
Boardsize	(4)	0.031***	-0.077***	0.281***	1	-0.195***	0.050***	0.014**	0.159***	0.198***	-0.058***
Duality	(5)	0.005	0.050***	-0.272***	-0.185***	1	0.016**	0.025***	-0.140***	-0.124***	-0.038***
Mufund	(6)	0.296***	-0.026***	-0.004	0.065***	0.002	1	0.194***	-0.054***	0.354***	0.002
Growth	(7)	0.109***	-0.009	-0.053***	-0.016***	0.008	0.060***	1	0.025***	0.085***	-0.105***
Leverage	(8)	-0.238***	-0.194***	0.270***	0.159***	-0.139***	-0.021***	0.057***	1	0.413***	0.134***
Size	(9)	0.061***	-0.040***	0.239***	0.218***	-0.120***	0.162***	0.059***	0.411***	1	0.248***
Age	(10)	-0.061***	0.098***	0.054***	-0.052***	-0.045***	-0.061***	-0.009	0.148***	0.244***	1

注：(1) 本表变量定义参考表7-10；(2) 其中，下三角表示 Pearson 相关系数，上三角表示 Spearman 相关系数；(3) *、**、*** 分别表示统计检验在10%、5%和1%水平上显著。

其他控制变量中，董事会规模（*Boardsize*）、基金公司持股（*Mufund*）、成长性（*Growth*）、公司规模（*Size*）与公司盈余（*Earning*）相关系数均为正向且显著，表明当公司的董事会规模越大、基金持股比例越高、公司的成长性越好、公司规模越大时，公司的盈余水平越高，盈利能力越强。另外，产权性质（*SOE*）、财务杠杆（*Leverage*）和公司年龄（*Age*）均与公司盈余（*Earning*）的相关系数为负向且显著，表示公司的负债比率越大、公司上市时间越长，且为国有企业时，其经营盈余较差。

为检查多重共线性问题，本章计算得出自变量方差膨胀因子（Vif）最大值为1.58，平均值为1.23，并结合相关系数分析结果，表明总体自变量之间的相关性系数较低，即在本章中多重共线性不会构成严重问题。

（3）回归结果

委托理财与盈余持续性的回归结果如表7－13所示。在第（1）列和第（2）列中，分别为模型（7－2）和模型（7－3）的回归结果。其中，第（1）列中上一期的公司盈余（$Earning_{i,t-1}$）与当期公司盈余（$Earning_{i,t}$）的回归系数为0.600，在1%水平上显著，表明公司的盈余存在持续性，上一期的盈余水平越高，当期的盈余越高。委托理财金额（$Entrustedamount_{i,t-1}$）与当期公司盈余（$Earning_{i,t}$）的回归系数为0.238，在5%水平上显著，表明公司购买委托理财金额越高，公司获得的盈余越高，这一结果与第6章所得结论保持一致。上一期的公司盈余（$Earning_{i,t-1}$）与委托理财金额（$Entrustedamount_{i,t-1}$）的交乘项与当期公司盈余（$Earning_{i,t}$）的回归系数为0.913，且不显著，说明上市公司购买委托理财产品无法增强过去一期盈余与当期盈余之间正向相关的关系，即上市公司购买委托理财无法提高盈余持续性。这一结果支持假设 H2①。

模型（7-3）的回归结果如表 7-13 第（2）列所示。其中，上一期的公司盈余（$Earning_{i,t-1}$）与当期公司盈余（$Earning_{i,t}$）的回归系数为 0.511，在 1% 水平上显著，表明公司的盈余存在持续性，过去一期的盈余水平越高，当期的盈余越高。另外，过去二期的公司盈余（$Earning_{i,t-2}$）和过去三期的公司盈余（$Earning_{i,t-3}$）与当期公司盈余（$Earning_{i,t}$）的回归系数分别为 0.102 和 0.075，均在 1% 水平上显著，表明公司的盈余在未来 2~3 期仍存在持续性，过去 2~3 期的盈余水平越高，当期的盈余越高。委托理财金额（$Entrustedamount_{i,t-1}$）与当期公司盈余（$Earning_{i,t}$）的回归系数为 0.284，在 5% 水平上显著，表明公司购买委托理财金额越高，公司获得的盈余越高，这一结果与第 6 章所得结论保持一致。另外，过去二期的委托理财金额（$Entrustedamount_{i,t-2}$）和过去三期的委托理财金额（$Entrustedamount_{i,t-3}$）与当期公司盈余（$Earning_{i,t}$）的回归系数分别为 -0.157 和 0.163，均不显著。表明当期委托理财产品的购买无法提高未来长期的公司业绩，这一结论仍与第 6 章所得结论保持一致。另外，上一期的公司盈余（$Earning_{i,t-1}$）与委托理财金额（$Entrustedamount_{i,t-1}$）的交乘项与当期公司盈余（$Earning_{i,t}$）的回归系数为 -1.331，且不显著，并且上二期的公司盈余（$Earning_{i,t-2}$）与委托理财金额（$Entrustedamount_{i,t-2}$）的交乘项和上三期的公司盈余（$Earning_{i,t-3}$）与委托理财金

① 本书另计算了上市公司委托理财哑变量对多期公司盈余持续性的影响，其所得结论与原有结果保持一致。

额（$Entrustedamount_{i,t-3}$）的交乘项与当期公司盈余（$Earning_{i,t}$）的回归系数为分别为2.289和0.076，均不显著。这说明上市公司购买委托理财无法增强过去三期内盈余与当期盈余之间正向相关的关系，甚至还有减弱这种正向关系的可能，上市公司购买委托理财产品无法提高盈余持续性。以上结果均支持假设H2。在控制变量中，基金公司持股（*Mufund*）、成长性（*Growth*）与当期公司盈余（$Earning_{i,t}$）的回归系数均为正向且显著，表明当公司基金持股比例越高、公司的成长性越好时，公司的经营水平越高，盈利能力越强。另外，财务杠杆（*Leverage*）与当期公司盈余（$Earning_{i,t}$）的回归系数为负向且显著，表明公司的负债比率越大，其经营业绩较差。以上结果与第6章中结果基本保持一致。

表7-13　　委托理财与盈余持续性回归结果

	$Earning_{i,t}$	
	(1)	(2)
$Earning_{i,t-1}$	0.600***	0.511***
	(0.000)	(0.000)
$Entrustedamount_{i,t-1}$	0.238**	0.284**
	(0.049)	(0.036)
$Earning_{i,t-1} \times Entrustedamount_{i,t-1}$	0.913	-1.331
	(0.606)	(0.506)
$Earning_{i,t-2}$		0.102***
		(0.000)
$Entrustedamount_{i,t-2}$		-0.157
		(0.368)
$Earning_{i,t-2} \times Entrustedamount_{i,t-2}$		2.289
		(0.393)

续表

	$Earning_{i,t}$	
	(1)	(2)
$Earning_{i,t-3}$		0.075***
		(0.000)
$Entrustedamount_{i,t-3}$		0.163
		(0.369)
$Earning_{i,t-3} \times Entrustedamount_{i,t-3}$		0.076
		(0.975)
$SOE_{i,t-1}$	-0.000	0.001*
	(0.892)	(0.099)
$Boardsize_{i,t-1}$	0.002	0.003
	(0.267)	(0.240)
$Duality_{i,t-1}$	-0.001	-0.002
	(0.156)	(0.111)
$Mufund_{i,t-1}$	0.123***	0.108***
	(0.000)	(0.000)
$Growth_{i,t-1}$	0.001	0.003***
	(0.200)	(0.001)
$Leverage_{i,t-1}$	-0.021***	-0.010***
	(0.000)	(0.001)
$Size_{i,t-1}$	0.000	-0.001**
	(0.280)	(0.028)
$Age_{i,t-1}$	-0.000	0.002
	(0.849)	(0.106)
$Cons_{i,t-1}$	-0.013	0.007
	(0.232)	(0.484)
Year	Yes	Yes

续表

	$Earning_{i,t}$	
	(1)	(2)
Industry	Yes	Yes
观测值	22476	20485
调整 R^2	0.404	0.407

注：(1) 本表变量定义参考表7-10；(2) 所有连续变量均在1%水平上进行缩尾处理；(3) 为保证标准误在横截面异方差和序列相关问题上的稳健性，均在公司层面聚类；(4) *、**、*** 分别表示统计检验在10%、5%和1%水平上显著；(5) 本表括号中的值均为p值。

7.3.3　稳健性检验

本节将对委托理财与盈余持续性关系的稳健性进行检验。限于模型的关系，本节将采用固定效应模型对委托理财与盈余持续性关系的稳健性进行检验。固定效应模型可以降低潜在的内生性问题，比如，遗漏不随时间变化的影响委托理财和盈余持续性关系的公司特征变量。因此，本节采用加入公司固定效应的方法，以降低其潜在的内生性问题。

表7-14为委托理财与盈余持续性的固定模型回归结果。第(1)列和第(2)列分别为模型(7-2)和模型(7-3)的固定模型回归结果。在第(1)列中，上一期的公司盈余($Earning_{i,t-1}$)与当期公司盈余($Earning_{i,t}$)的回归系数为0.348，在1%水平上显著，表明公司的盈余存在持续性，上一期的盈余水平越高，当期的盈余越高。委托理财金额($Entrustedamount_{i,t-1}$)与当期公司盈余($Earning_{i,t}$)的回归系数为0.393，在1%水平上显著，

表明公司购买委托理财金额越高，公司获得的盈余越高，这一结果与第6章所得结论保持一致。上一期的公司盈余（$Earning_{i,t-1}$）与委托理财金额（$Entrustedamount_{i,t-1}$）的交乘项与当期公司盈余（$Earning_{i,t}$）的回归系数为 -5.208，且在1%水平上显著，说明在控制了公司的固定效应后，上市公司购买委托理财产品减弱了过去一期盈余与当期盈余之间正向相关的关系，即上市公司购买委托理财产品降低了盈余持续性。因此，这可能是导致上市公司委托理财无法为公司带来长期业绩增长的原因之一。

模型（7-3）的回归结果如第（2）列所示。其中，上一期的公司盈余（$Earning_{i,t-1}$）与当期公司盈余（$Earning_{i,t}$）的回归系数为0.320，在1%水平上显著，表明公司的盈余存在持续性，过去一期的盈余水平越高，当期的盈余越高。另外，过去二期的公司盈余（$Earning_{i,t-2}$）和过去三期的公司盈余（$Earning_{i,t-3}$）与当期公司盈余（$Earning_{i,t}$）的回归系数分别为0.031和 -0.007，分别在5%水平上显著和不显著，表明在控制公司的固定效应后公司的盈余在未来二期内存在持续性，过去二期的盈余水平越高，当期的盈余越高。委托理财金额（$Entrustedamount_{i,t-1}$）与当期公司盈余（$Earning_{i,t}$）的回归系数为0.371，在1%水平上显著，表明公司购买委托理财金额越高，公司获得的盈余越高，这一结果与前文所得结论保持一致。另外，过去二期的委托理财金额（$Entrustedamount_{i,t-2}$）和过去三期的委托理财金额（$Entrustedamount_{i,t-3}$）与当期公司盈余（$Earning_{i,t}$）的回归系数分别为0.055和0.328，均不显著。表明当期委托理财产品的购买无法提高未来长期的公司业绩，这一结论仍与前文所得结论保持一致。另外，上一期的公司盈余（$Earning_{i,t-1}$）与委托理财金额（$Entrustedamount_{i,t-1}$）的交乘项与当期公司盈余（$Earning_{i,t}$）的回归系数为 -4.887，且在1%水平上显著，并且上二期的公司盈余（$Earning_{i,t-2}$）与委托理财金额（$Entrustedamount_{i,t-2}$）的交乘项和上三期的公司盈余（$Earning_{i,t-3}$）与委托理财金额（$Entrustedamount_{i,t-3}$）的交乘项与当期公司盈余（$Earning_{i,t}$）的回归系数为分别为 -2.350 和 -3.677，均不显著。这说明上市公司购买委托理财产品降低了过去三期内盈余与当期盈余之间正向相关的关系，尤其在过去一期的盈余持续性上，有显著减弱的作用，即上市公司购买委托理财降低了盈余持续性。以上结果仍均支持假设H2。

表7-14　　委托理财与盈余持续性回归结果——固定效应

	$Earning_{i,t}$	
	(1)	(2)
$Earning_{i,t-1}$	0.348***	0.320***
	(0.000)	(0.000)
$Entrustedamount_{i,t-1}$	0.393***	0.371***
	(0.002)	(0.007)
$Earning_{i,t-1} \times Entrustedamount_{i,t-1}$	-5.208***	-4.887**
	(0.005)	(0.022)
$Earning_{i,t-2}$		0.031**
		(0.043)
$Entrustedamount_{i,t-2}$		0.055
		(0.737)
$Earning_{i,t-2} \times Entrustedamount_{i,t-2}$		-2.350
		(0.354)
$Earning_{i,t-3}$		-0.007
		(0.559)
$Entrustedamount_{i,t-3}$		0.328
		(0.165)

续表

	$Earning_{i,t}$	
	(1)	(2)
$Earning_{i,t-3} \times Entrustedamount_{i,t-3}$		−3.677
		(0.133)
$SOE_{i,t-1}$	−0.008**	−0.009**
	(0.016)	(0.014)
$Boardsize_{i,t-1}$	−0.000	−0.001
	(0.964)	(0.775)
$Duality_{i,t-1}$	0.000	0.000
	(0.771)	(0.876)
$Mufund_{i,t-1}$	0.103***	0.106***
	(0.000)	(0.000)
$Growth_{i,t-1}$	0.007***	0.007***
	(0.000)	(0.000)
$Leverage_{i,t-1}$	0.006	0.009*
	(0.150)	(0.067)
$Size_{i,t-1}$	−0.014***	−0.014***
	(0.000)	(0.000)
$Age_{i,t-1}$	−0.026***	−0.027***
	(0.000)	(0.000)
$Cons_{i,t-1}$	0.342***	0.363***
	(0.000)	(0.000)
Year	Yes	Yes
Industry	No	No
Firm	Yes	Yes
观测值	22476	20485
调整 R^2	0.166	0.154

注：（1）本表变量定义参考表7－10；（2）所有连续变量均在1%水平上进行缩尾处理；（3）为保证标准误在横截面异方差和序列相关问题上的稳健性，均在公司层面聚类；（4）*、**、***分别表示统计检验在10%、5%和1%水平上显著；（5）本表括号中的值均为p值。

本节实证分析了上市公司委托理财与盈余持续性的关系。通过选取中国2001—2018年沪深交易所上市的A股上市公司作为初始样本，研究发现，上市公司购买委托理财产品无法提高未来3年内的盈余持续性。通过固定效应模型研究发现，上市公司购买委托理财产品能够显著降低未来1年内的盈余持续性，这一影响可以持续到未来第2期和第3期（但是不显著）。这一结论说明委托理财无法提高上市公司长期业绩的一个重要的原因，即委托理财带来的盈余收益无法提高上市公司的未来盈余持续性，因此仅能提高短期的业绩，而无法持续到未来。

7.4 本章小结

为了进一步研究委托理财与公司长期业绩的关系，本章从公司的经营活动和盈余信息质量两个角度出发，研究了委托理财与公司创新和盈余持续性的关系。

首先，本章从公司的经营活动角度出发，研究了上市公司购买委托理财产品与公司创新的关系。本书选取2001—2018年中国沪深交易所上市的A股上市公司为初始样本，研究发现，上市公司购买委托理财产品会降低公司创新水平，即与未购买委托理财产品的上市公司相比，购买委托理财产品的公司其创新水平越低，这一结论在替代委托理财变量、固定效应、Heckman两阶段和工具变量法等一系列稳健性检验中仍保持成立。进一步研究中发现，当上市公司的现金流持有金额越多、独立董事比例较低时，上市公司购买委托理财产品行为对公司创新的降低作用更加显著，这表明良好的公司内部环境有助于降低管理层自利行为引起的长期公司利益损失。

其次，本章从盈余质量角度实证分析了委托理财与盈余持续性的关系。通过选取中国2001—2018年沪深交易所上市的A股公司作为初始样本，研究发现，上市公司购买委托理财产品无法提高未来3年内的盈余持续性。通过固定效应模型研究发现，上市公司购买委托理财产品显著降低了未来1年内的盈余持续性，这一影响可以持续到未来第二期和第三期（但不显著）。这一结论说明委托理财无法提高上市公司长期业绩的一个重要的原因，即委托理财带来的盈余收益不利于提高上市公司的未来盈余持续性，因此购买委托理财产品仅能提高短期的业绩，而无法持续到未来。

上市公司购买委托理财产品的行为确实会导致其创新活动的降低，其盈余无法在长期内持续。由此看来，上市公司购买委托理财产品为企业带来隐患，即上市公司由于无法通过创新这种可以创造持久竞争力的方式为企业在市场的生存获得竞争来源，同时也无法提高盈余持续性，不利于利益相关者通过盈余信息进行合理的决策和判断，这将导致委托理财不利于上市公司长期的经营活动和业绩发展。

第 8 章
研究结论与未来展望

8.1　研究结论

随着上市公司委托理财业务的发展，其动因及其可能带来的经济后果受到了理论界和实务界的关注，成为热门话题。同时，上市公司购买委托理财产品伴随着法律风险、信用风险、财务风险和经营风险（王黎华和干胜道，2004），购买委托理财的案件频发。在学术界，大多数学者将其动因归结为通过理财产品获得和谋求投资回报，提高公司经营业绩，或管理层的谋取个人私利行为（陈湘永和丁楹，2002），并认为上市公司购买委托理财产品主要受到了外部环境（陈湘永和丁楹，2002；李苑，2013；王黎华和干胜道，2004；黄新建和万会琴，2017；等），公司的财务特征和公司结构特征的影响（陈湘永和丁楹，2002；胡志勇和舒源，2014；徐永新，2009；黄琼宇等，2016；林小驰等，2006；等）。在经济后果方面，现有研究主要认为委托理财会加剧中国股市的恶庄现象（巴曙松，2001），不利于市场的稳定（陈湘永和丁楹，2002），并且会影响上市公司主业的发展（陈湘永和丁楹，2002），成为平滑利润的工具（孙健等，2016）。但目前关于委托理财的影响后果研究文献寥寥无几，且学术界和实务界尚未对委托理财的影响有一致定论，因此讨论上市公司委托理财行为有关的影响因素和经济后果迫在眉睫。

本书基于中国上市公司委托理财的发展经历和现状，在结合已有的学术研究基础上，对上市公司购买委托理财产品行为进行了深入的讨论和研究。具体地提出以下问题：（1）上市公司购买委托理财产品的影响因素有哪些？（2）在短期时间内，市场对上市公司购买委托理财产品这一行为会有怎样的反应？（3）上市公司购买委托理财产品对公司业绩有怎样的影响？（4）上市公司委托理财对公司业绩影响的原因是什么？

基于以上研究问题，在查阅大量文献、搜集大量数据的基础上，采用实证研究方法进行了深入的讨论和分析，最终得到的研究结论主要有：

对于第一个问题，本书分别从公司内部结构环境和公司财务特征两个方面，研究了上市公司购买委托理财产品行为的影响因素。本书采用2001—2018年中国沪深A股上市公司的样本，研究发现，在公司内部结构环境方面，当上市公司为非国有企业、董事会规模较小、独立董事比例较低、管理层持股比例较低、存在两职合一的情况时，上市公司购买委托理财产品的可能性越大。在公司特征方面，当上市公司的股权融资获得的金额越多、现金流越多、资本支出越少时，上市公司购买委托理财产品的可能性越高。因此，上市公司在其公司内部监督较弱、现金持有水平较高时，其购买委托理财产品的可能性越高。进一步研究中，研究了上市公司购买委托理财产品金额大小的影响因素，采用2001—2018年中国沪深A股中购买委托理财产品上市公司的样本，研究发现，在公司内部监督方面，当上市公司为非国有企业、管理层持股比例较低时，上市公司购买委托理财产品的金额越高，但不同的衡量方式得到的结果有些许差别。在公司特征方面，当上市公司的经营业绩越好、股权融资越多、债权融资越低、资本支出越少时，上市公司购买委托理财产品的金额越高，另外，委托理财产品的收益情况明显影响上市公司购买委托理财产品的金额，当委托理财产品的预期收益率越高时，上市公司购买委托理财产品的金额越多。结合有关委托理财决策的影响因素结果，上市公司投资委托理财产品金额的大小更多受到上市公司自身现金持有水平的影响。总体来讲，公司的内部结构环境影响委托理财投资的行为决策较多，而现金持有的水平影响投资金额的大小较多。

对于第二个问题，本书研究了中国市场对上市公司委托理财公告的反应情况。本书通过手工收集整理的方式，获得共1553份上市公司委托理财公告，并计算其超额累积收益率。结果发现，在[0, +1]、[-1, +1]、[-3, +3]、[-5, +5]的均值全部为正，且显著异于0。表明中国市场的投资者能够通过上市公司委托理财公告获得正的超额累积收益。另外，在进一步研究中发现，上市公司购买委托理财公告的市场反应受到委托理财金额和资金来源的影响。具体表现为，上市公司委托理财公告中披露的委托理财金额越高，其超额累积报酬率越高，市场反应越剧烈。与利用自有闲置资金投资理财产品的上市公司相比，使用募集闲置资金购买理财产品的超额累积报酬率为负，且组间均值检验显著。另外，上市公司委托理财公告的市场反应不受产品来源机构类型的影响，购买银行和非银行的理财产品公告的累积报酬率没有显著性差异。

对于第三个问题，本书第6章研究了上市公司委托理财与公司业绩的关系。采用2001—2018年中国沪深A股上市公司的样本，研究发现，上市公司购买委托理财产品可以提高短期内公司的经营业绩，但这种作用在未来的公司业绩中并不显著，即上市公司购买委托理财产品仅有助于提升短期业绩，对公司的长期业绩没有促进作用。在PSM + DID的内生性检验中得到了一致结论。在进一步中研究发现，上市公司委托理财与短期的经营业绩受到高管海外背景和高科技行业的调节作用，当上市公司有海外背景的高管和董事或处于高科技行业时，上市公司的委托理财为企业带来的短期收益较低。

对于第四个问题，本书从长期业绩的形成过程和质量两个角度，进一步研究了上市公司委托理财与公司长期业绩关系的原因，即分别从公司的经营和盈余质量两个方面探讨委托理财对公司业绩的提高无法持续到长期的原因。首先，从公司的经营方面，选取2007—2018年中国沪深交易所上市的A股上市公司为初始样本，研究发现，上市公司购买委托理财产品会降低公司创新水平，即与未购买委托理财产品的上市公司相比，购买委托理财产品的公司其创新水平越低，这一结论在替代委托理财变量、固定效应、Heckman两阶段和工具变量法等一系列稳健性检验中仍保持成立。进一步研究中发现，当上市公司的现金流持有金额越多、独立董事比例较低时，上市公司购买委托理财产品行为对公司创新的降低作用更加显著，这表明良好的公司内部环境有助于降低管理层自利行为引起的长期公司利益损失。其次，本书从盈余质量方面实证分析了委托理财与盈余持续性的关系。通过选取中国2001—2018年沪深交易所上市的A股公司作为初始样本研究发现，上市公司购买委托理财产品无法提高未来三年内的盈余持续性。通过固定效应模型研究发现，上市公司购买委托理财产品显著降低了未来一年内的盈余持续性，这一影响可以持续到未来第 2 期和第 3 期（但不显著）。这一结论说明委托理财无法提高上市公司长期业绩的一个重要的原因，即委托理财带来的盈余收益不利于提高上市公司的未来盈余持续性，因此购买委托理财产品仅能提高短期的业绩，而无法持续到未来。

综上所述，上市公司购买委托理财产品受到其内部结构和财务特征的影响，且内部治理结构较不均衡、现金持有比例较高时，其进行委托理财的可能性越高。因此，结合其影响因素，本书得出上市公司的理财行为更多为公司的短期机会主义行为，这种行为尽管可以提升短期经营业绩，但其不利于公司创新和盈余持续性的提高，因此损害了公司的长期业绩。由于中国股票市场以散户为主、机构投资者比例较低，投资者短期的投机主义严重，上市公司委托理财公告的超额累积报酬率为正，这一结果与本书的结论并不矛盾，并且从中可以得到诸多启示。

8.2　研究启示和建议

大量募集资金进行委托理财和由此带来的风险，在实务界和学术界均饱受争议。本书通过实证研究的方法，解答了以上四个问题，深入讨论和分析了上市公司委托理财的影响因素和对短期和长期业绩的影响，并具体讨论了影响长期业绩的可能原因，为投资者、公司和监管者决策提供了依据。

本书的研究发现对上市公司、监管部门和利益相关者均具有重要的实践意义。对上市公司而言，虽然委托理财往往能给上市公司带来稳定的收益，但其存在的风险是不容忽视的。上市公司应建立健全委托理财业务的风险控制机制，谨慎选择专业性的理财公司，加强委托资产的跟踪分析，切实保证资金的安全，提高资金的使用效率。同时，委托理财收益的增加有可能使上市公司降低对主营业务的重视程度。如果委托理财发生亏损，上市公司流动资金很可能因此紧张，从而影响主营业务的发展。因此上市公司开展委托理财业务应严格遵照证监会的相关规定，只把暂时闲置的募集资金进行委托理财；对于规定用途的募集资金，上市公司应投资于实体经济。从长远和可持续发展的角度看，上市公司只有把资金投入到主业中，才能保持其在主营业务领域的核心竞争力，才能更稳健地为股东创造财富。对证券监管部门而言，既然上市公司的委托理财业务会对盈余波动性产生影响，证券监管部门就应当明确上市公司披露委托理财业务信息的具体要求，提高委托理财业务的信息透明度，以便及时充分掌握委托理财资金的流向和动态；同时，监管部门应该加强对上市公司募集资金规定用途的监管，引导上市公司积极关注并加强主营业务的发展。

结合研究结论，本书的具体研究启示如下：

第一，本书针对委托理财影响因素的研究，表明我国的监管部门应更好地理解中国上市公司的投资行为方式，有针对性地制定监管政策，防范和化解我国资本市场运行中存在的潜在风险。本书的研究结果表明，公司内部结构环境和财务特征均影响上市公司委托理财行为，且当自由现金流较少、内部权力制约结构越完善时，上市公司理财投资可能较小。这表明相关部门应深入了解上市公司进行委托理财潜在的风险和内部动机，摸清委托理财的发展状况，这对优化委托理财有关制度具有重要意义，为相关部门未来引导委托理财乃至相关出售理财产品金融机构的发展提供了新的参考思路和决策支持。针对上市公司的理财行为，监管部门应有针对性地制定监管政策，提高监管效率，有助于规范上市公司投资行为。

第二，通过研究委托理财的有关公司治理环境影响因素，提示上市公司内部的相关机构应加深对委托理财的认识，优化自身内部治理结构，制定可执行的有关委托理财投资决策的制度章程。本书的研究结果发现，当自由现金流较少、内部权力制约结构越完善时，上市公司理财投资可能较小，这表明上市公司应当加强对现金的管控。本书通过研究委托理财和创新活动、公司盈余持续性的关系，更加深入地了解委托理财行为的结果，提示上市公司应提高自身的风险防范意识，增强内部控制，优化完善治理结构。

第三，本书的研究结论表明上市公司委托理财行为将降低企业创新和盈余持续性，从而不利于提高公司的长期业绩。这一结论，结合上市公司委托理财提高短期经营业绩且超额累积报酬率为正的市场反应，使我们可以深入了解中国的股票市场特点和中国企业的投资行为决策对股市的影响。通过对比这两个结论，可以发现，中国股票市场中的投资者短期的投机主义严重，在以散户为主、机构投资者比例较低为特征的中国股市中，投资者对上市公司的委托理财行为理解不够深入。这提示我们应加强对企业投资决策行为后果的判断和理解，引导投资者从长远的角度出发合理选择投资对象，提高投资收益，有助于外部投资者合理选择投资对象，提高投资收益。

在现有的研究结论和启示基础上，结合中国企业实践，本书提出如下相关建议：

（1）建立完善的信息披露和监督机制

有关部门应当进一步完善信息披露制度，不断改善上市公司信息披露的制度环境，督促上市公司做好信息披露工作，引导上市公司落实信息披露责任。可以通过建立媒体和公众监督报道的法律机制。媒体和社会公众的监督报道是获取上市公司违法披露信息的重要渠道之一。借鉴美国证券业的有奖举报制度和经验，即制定法律，对提供相关信息和线索的人员进行奖励和提供保障，帮助证券监管部门发现和调查不符合规章制度的信息披露行为，调动社会群众和记者的积极性，优化监管环境，提高监管效率，有效发挥本制度在上市公司信息披露中的作用。

（2）上市公司应完善投资决策制度和机制

上市公司应建立系统且健全的投资决策机制，严格管理并控制对其资金的使用，确保决策能够通过科学化、规范化、透明化的方式实行，有效地预防公司和股东利益可能面临的各种风险。同时，有关部门应加快内部控制的相关立法，制定企业内部控制的准则和实施细则，并对违法行为制定罚则，从而为完善和加强企业内部控制提供外部监督和指导。

（3）通过出台有关政策，加强理财产品的管制

上市公司将闲置募集资金用于委托理财，带来了潜在的投资风险和市场泡沫。因此需要加强对金融机构开展委托理财业务的管制，可以从以下三个方面开展：首先，符合开展委托理财业务的准入条件，在资产规模上高标准、严要求，通过评级确定等方式确保受托方的资本实力。其次，应加强对委托理财的账户管理，严格控制非闲置资金投入，保证账户的透明度，并对委托理财产品的开展

情况予以及时披露和回报，对于可预测的重大风险应及时告知，以便为上市公司寻求解决方案留足时间。最后，通过建立风险准备金制度等，以降低潜在的委托风险和信用风险。

8.3　研究局限与展望

通过研究上市公司委托理财的影响因素和经济后果，得出一系列的结论和建议。本节将从具体问题出发，探讨研究存在的局限性，并进行合理的展望。

首先，委托理财有关经济后果方面的研究可能存在有待解决的内生性问题。社会科学的研究中，其实证的方法多是通过对二手数据进行分析和观测，利用统计的模型和方法，研究问题，探索经济活动中的内在联系和规律。其无法像自然科学那样采用实验的方式得到行为之间的因果结果，只能采用数据回归的方式考察不同变量之间的相关关系。因此，容易存在较为严重的内生性问题。在研究委托理财与公司业绩、公司创新、盈余持续性等关系时，利用横截面数据，通过滞后一期的模型、改变变量衡量方式、固定效应模型、Heckman 两阶段、工具变量、PSM + DID 等方法降低潜在可能的内生性问题，但是仍难以从根本上解决，因此，委托理财有关经济后果方面的研究可能存在有待解决的内生性问题。由此希望未来可以通过利用其他数据模型方式，降低潜在的内生性问题，得出委托理财与公司业绩的因果关系。

其次，在研究上市公司委托理财公告的市场反应时，通过区分不同类型的委托理财产品、资金来源、受托方机构的委托理财公告，研究了不同情况下的市场反应。但是由于受到样本分类后观测值数量的影响，在均值比较的过程中无法得到明确的结论。例如，在研究委托理财来源与市场反应的关系中，采用募集闲置资金的上市公司仅占样本的 17%，这种样本量上的差异会影响统计量的构建以及结果。另外，本书原希望研究上市公司理财公告中的产品属性对市场反应的影响，比如理财产品的收益回报率、期限长短、收益率是否为保本等方面对市场反应的影响。希望未来的委托理财公告可以更加清晰准确地披露其理财产品的具体信息，以便为有关委托理财公告的市场反应研究提供数据支持，并且还可以区分委托理财产品的收益情况、时长等，进一步研究委托理财公告的市场反应。

最后，本书仅从两个方面探索和寻找潜在影响上市公司购买委托理财产品和公司长期业绩关系的原因，即公司创新和盈余持续性。并认为，上市公司购买委托理财产品的行为可能会由于其短期投资动机而降低对实业发展的研发投入，不利于企业创新活动的开展，进而导致无法持续影响长期业绩。但是，还有其他存在于上市公司购买委托理财产品行为与长期业绩关系之间的原因，这些还有待于深入挖掘和讨论，因此希望在未来的研究中，可以结合现有的上市公司委托理财行为特征，寻找其对公司业绩长期影响的原因。

附　　录

上市公司委托理财年份行业分布表

年份 行业	2001	2002	2003	2004	2005	2006	2007	2008	2009	2010	2011	2012	2013	2014	2015	2016	2017	2018	总计
A	5	4	3	0	0	0	0	0	1	1	2	1	6	10	18	24	27	25	127
B	2	0	0	0	0	0	1	0	0	0	2	7	12	24	25	27	33	34	167
C	99	59	50	43	10	11	7	12	13	15	46	142	354	548	692	937	1279	1351	5668
D	6	2	2	0	0	1	2	2	3	3	5	5	12	21	18	27	35	35	179
E	2	1	1	0	0	2	1	1	0	0	1	2	14	16	22	33	45	48	189
F	12	10	7	4	3	0	2	2	3	2	10	22	47	55	69	81	95	94	518
G	13	11	6	5	1	0	0	0	0	1	8	8	18	24	29	36	47	54	261
H	1	0	0	1	1	0	0	0	0	0	0	1	4	4	3	2	5	5	27
I	5	2	3	3	2	1	1	0	0	1	8	16	27	42	64	106	143	161	585

续表

年份 行业	2001	2002	2003	2004	2005	2006	2007	2008	2009	2010	2011	2012	2013	2014	2015	2016	2017	2018	总计
J	1	0	0	0	0	0	0	0	1	1	2	2	1	3	4	6	12	13	46
K	4	2	2	2	1	2	2	1	1	1	10	21	22	27	35	42	51	60	286
L	0	0	2	2	0	0	0	0	0	0	1	6	9	10	12	23	29	33	127
M	0	0	0	0	0	0	0	0	0	0	0	0	2	5	10	15	25	32	89
N	4	2	2	2	0	0	0	1	0	0	0	1	0	4	7	12	19	22	76
O	0	0	0	0	1	0	0	0	0	0	1	0	0	0	0	0	0	0	2
P	0	0	0	0	0	0	0	0	0	0	0	0	0	0	0	2	3	3	8
Q	0	0	0	0	0	0	0	0	0	0	0	0	0	2	2	2	4	5	15
R	0	0	0	0	0	0	0	0	1	1	4	4	9	10	14	33	46	44	166
S	8	3	1	2	0	0	1	1	2	3	7	3	7	9	12	16	17	17	109
总计	162	96	79	64	19	17	17	20	25	29	107	241	544	814	1036	1424	1915	2036	8645

注：（1）表内的数值为所属年份和行业中购买委托理财产品的上市公司数量。（2）行业根据2012年证监会发布的《上市公司行业分类指引》进行分类。具体行业为：A（农、林、牧、渔业）；B（采矿业）；C（制造业）；D（电力、热力、燃气及水生产和供应业）；E（建筑业）；F（批发和零售业）；G（交通运输、仓储和邮政业）；H（住宿和餐饮业）；I（信息传输、软件和信息技术服务业）；J（金融业）；K（房地产业）；L（租赁和商务服务业）；M（科学研究和技术服务业）；N（水利、环境和公共设施管理业）；O（居民服务、修理和其他服务业）；P（教育）；Q（卫生和社会工作）；R（文化、体育和娱乐业）；S（综合）。

参考文献

安同良，千慧雄，2014. 中国居民收入差距变化对企业产品创新的影响机制研究［J］. 经济研究（9）：62－76.

巴曙松，2001. 圈钱游戏中的“恶庄”与委托理财［J］. 现代管理科学（5）：11－13.

白俊红，蒋伏心，2015. 协同创新、空间关联与区域创新绩效［J］. 经济研究（7）：174－187.

陈湘永，丁楹，2002. 我国上市公司委托理财的实证分析［J］. 管理世界（3）：107－116.

程书强，2006. 机构投资者持股与上市公司会计盈余信息关系实证研究［J］. 管理世界（9）：129－136.

葛顺奇，罗伟，2013. 中国制造业企业对外直接投资和母公司竞争优势［J］. 管理世界（6）：28－42.

谷书堂，李维安，高明华，1999. 中国上市公司内部治理的实证分析——中国上市公司内部治理问卷调查报告［J］. 管理世界（6）：144－151＋216.

郭强，蒋东生，2003. 不完全契约与独立董事作用的本质及有效性分析——从传统法人治理结构的缺陷论起［J］. 管理世界（2）：78－89＋98.

侯毅，2004. 我国上市公司委托理财动因和影响的实证研究

[D]．清华大学．

胡志勇，舒源，2014．我国上市公司财务性投资的影响因素研究[J]．广州大学学报（自然科学版）(5)：6－13.

华锦阳，2003．论公司治理的功能体系及对我国上市公司的实证分析[J]．管理世界（1）：127－132.

黄琼宇，胡志勇，舒源，2016．自由现金流、公司治理与财务性投资——基于2011—2013年A股上市公司的实证研究[J]．数理统计与管理（2）：299－308.

黄新建，万会琴，2017．银行关联、地区金融文化与企业委托理财[J]．重庆大学学报（社会科学版）(3)：11－22.

黎文靖，郑曼妮，2016．实质性创新还是策略性创新？——宏观产业政策对微观企业创新的影响[J]．经济研究（4）：60－73.

林小驰，严斌，欧阳婧，伍利娜，2006．委托理财与公司治理：基于中国上市公司数据的实证研究[D]．工作论文．

陆正飞，张会丽，2010．所有权安排、寻租空间与现金分布——来自中国A股市场的经验证据[J]．管理世界（5）：150－158＋171＋188.

罗思平，于永达，2012．技术转移、“海归”与企业技术创新——基于中国光伏产业的实证研究[J]．管理世界（11）：124－132.

屈依娜，陈汉文，2018．现金股利政策、内部控制与市场反应[J]．金融研究（5）：191－206.

沈坤荣，孙文杰，2009．市场竞争、技术溢出与内资企业R&D效率——基于行业层面的实证研究[J]．管理世界（1）：38－48＋187－188.

沈艺峰，吴世农，1999. 我国证券市场过度反应了吗？[J]. 经济研究（2）：23－28.

宋建波，文雯，2016. 董事的海外背景能促进企业创新吗？[J]. 中国软科学（11）：109－120.

宋建波，文雯，王德宏，2017. 海归高管能促进企业风险承担吗——来自中国A股上市公司的经验证据[J]. 财贸经济（12）：111－126.

孙健，文雯，袁蓉丽，石玉凝，2016. 上市公司委托理财与盈余波动性[J]. 中国软科学（6）：98－109.

田志龙，杨辉，李玉清. 我国股份公司治理结构的一些基本特征研究——对我国百家股份公司的实证分析[J]. 管理世界，1998，（2）：135－142.

王聪，于蓉，2006. 关于金融委托理财业演变的理论研究[J]. 金融研究（2）：126－136.

王德宏，文雯，宋建波，2018. 董事海外背景能否降低股价崩盘风险？——来自中国A股上市公司的经验证据[J]. 金融评论（3）：52－69＋123－124.

王黎华，于胜道，2004. 信息不对称状态下的企业委托理财问题研究[J]. 经济体制改革（3）：116－118.

王展，2006. 基于代理理论的上市公司委托理财影响因素研究[D]. 浙江大学.

肖文，林高榜，2014. 政府支持、研发管理与技术创新效率——基于中国工业行业的实证分析[J]. 管理世界（4）：71－80.

徐永新，2009. 二级委托代理问题研究：来自委托理财的经验证据[J]. 管理工程学报（4）：31－36.

徐永新，2009. 大股东视角下的上市公司现金持有问题研究［D］. 清华大学.

徐永新，薛健，陈晓，2009. 从委托理财收益率看上市公司委托代理问题［J］. 南开管理评论（5）：101-108.

许建华，沈维涛，2003. 从“委托理财”现象看我国上市公司投融资机制的缺失［J］. 经济管理（10）：89-92.

杨竹清，张超林，2017. 多元化经营、企业属性与银行理财产品投资——基于我国上市公司的Heckman和2SLS分析［J］. 金融学季刊（1）：125-144.

于东智，2001. 董事会行为、治理效率与公司绩效——基于中国上市公司的实证分析［J］. 管理世界（2）：200-202.

张兵，李晓明，2003. 中国股票市场的渐进有效性研究［J］. 经济研究（1）：54-61+87-94.

张凡，2003. 关于独立董事制度几个问题的认识［J］. 管理世界（2）：90-98.

张峰，黄玖立，王睿，2016. 政府管制、非正规部门与企业创新：来自制造业的实证依据［J］. 管理世界（2）：95-111+169.

张建华，舒象孜，张玲，2006. 上市公司被ST后的超额累积收益的实证研究［J］. 管理工程学报（1）：130-132.

张婧，段艳玲，2010. 市场导向均衡对制造型企业产品创新绩效影响的实证研究［J］. 管理世界（12）：119-130.

张人骥，朱平方，王怀芳，1998. 上海证券市场过度反应的实证检验［J］. 经济研究（5）：59-65.

赵昌文，庄道军，2004. 中国上市公司的有效控制权及实证研究［J］. 管理世界（11）：126-135.

郑红亮，王凤彬，2000. 中国公司治理结构改革研究：一个理论综述［J］. 管理世界（3）：119－125.

周长青，2011. 沪市上市公司2011年委托理财和委托贷款情况分析［R］. 上海证券交易所. www. sse. com. cn/aboutus/research/report/c/10056812/files/58b698895835480e979824483cb19c9a. pdf.

周及真，谭军，2017. 高技术企业与高新技术企业创新行为调查分析［J］. 上海经济研究（1）：68－76.

朱国泓，方荣岳，2003. 管理层持股：沪市公司管理层的观点［J］. 管理世界（5）：125－134.

朱骏，2016. 我国上市公司委托理财的动因和影响研究——现金管理视角［D］. 上海交通大学.

ACHARYA V V，SUBRAMANIAN K V，2009. Bankruptcy codes and innovation［J］. Review of Financial Studies，22：4949－4988.

ACHARYA V，XU Z，2017. Financial dependence and innovation：the case of public versus private firms［J］. Journal of Financial Economics，124：223－243.

ALLEN F，QIAN J，QIAN M，2005. Law，finance，and economic growth in China［J］. Journal of Financeial Economics，77：57－116.

AMORE M D，SCHNEIDER C，ŽALDOKAS A，2013. Credit supply and corporate innovation［J］. Journal of Financial Economics，109：835－855.

ANDERSON R C，REEB D M，2003. Founding－family ownership and firm performance：evidence from the S&P 500［J］. Journal of Finance，58：1301－1327.

BAI C, LU J, TAO Z, 2006. Property rights protection and access to bank loans: evidence from private enterprises in China [J]. Economics of Transition, 14: 611 - 628.

BLANCO I, WEHRHEIM D, 2017. The bright side of financial derivatives: options trading and firm innovation [J]. Journal of Financial Economics, 125: 99 - 119.

BROWN J R, FAZZARI S M, PETERSEN B C, 2013. Financing innovation and growth: cash flow, external equity, and the 1990s R&D boom [J]. The Journal of Finance, 64: 151 - 185.

BROWN S J, WARNER J B, 1985. Using daily stock returns: the case of event studies [J]. Journal of Financial Economics, 14: 3 - 31.

CHANG X, FU K, LOW A, ZHANG W, 2015. Non - executive employee stock options and corporate innovation [J]. Journal of Financial Economics, 115: 168 - 188.

CHEN G, FIRTH M, XU L, 2009. Does the type of ownership control matter? Evidence from China's listed companies [J]. Journal of Banking and Finance, 33: 171 - 181.

CHEN X, HARFORD J, LI K, 2007. Monitoring: which institutions matter? [J]. Journal of Financial Economics, 86: 279 - 305.

CLARKE D C, 2006. The independent director in chinese corporate governance [J]. Delaware Journal of Corporate Law, 31: 125.

CORNAGGIA J, MAO Y, TIAN X, WOLFE B, 2015. Does banking competition affect innovation? [J]. Journal of Financial Economics, 115: 189 - 209.

FAMA E F, JENSEN M C, 1983. Separation of ownership and control [J]. The Journal of Law and Economics, 26: 301-325.

FRANCIS J, SMITH A, 1995. Agency costs and innovation some empirical evidence [J]. Journal of Accounting & Economics, 19: 383-409.

GILLAN S L, STARKS L T, 2000. Corporate governance proposals and shareholder activism: the role of institutional investors [J]. Journal of Financial Economics, 57: 275-305.

HAMBRICK D, MASON P, 1984. Upper echelons: the organization as a reflection of its top managers [J]. Academy of Management Review, 9: 193-206.

HE J J, TIAN X, 2013. The dark side of analyst coverage: the case of innovation [J]. Journal of Financial Economics, 109: 856-878.

HOLMSTROM B, 1989. Agency costs and innovation [J]. Journal of Economic Behavior & Organization, 12: 305-327.

HU G, YUAN R, XIAO J Z, 2017. Can independent directors improve internal control quality in China? [J]. The European Journal of Finance, 23: 626-647.

JENSEN M, 1999. Agency costs of free cash flow, corporate finance, and takeovers [J]. American Economic Review, 76: 323-329.

JIANG F, KIM K A, 2015. Corporate governance in China: a modern perspective [J]. Journal of Corporate Finance, 32: 190-216.

LI L, NAUGHTON T, 2007. Going public with good governance:

evidence from China [J]. Corporate Governance: an International Review, 15: 1190-1202.

MAURY B, 2006. Family ownershipand firm performance: empirical evidence from western european corporations [J]. Journal of Corporate Finance, 12: 321-341.

PONCET S, STEINGRESS W, VANDENBUSSCHE H, 2010. Financial constraints in China: firm-level evidence [J]. China Economic Review, 21: 411-422.

SONG Y, JI X, LEE C J, 2013. Ownership balance, supervisory efficiency of independent directors and the quality of management earnings forecasts [J]. China Journal of Accounting Research, 6: 113-132.

SOOD A, TELLIS G J, 2009. Do innovations really payoff? Total stock market returns to innovation [J]. Social Science Electronic Publishing, 28: 442-456.

TAM O K, 2002. Ethical issues in the evolution of corporate governance in China [J]. Journal of Business Ethics, 37: 303-320.

TANG X, DU J, HOU Q, 2013. The effectiveness of the mandatory disclosure of independent directors' opinions: empirical evidence from China [J]. Journal of Accounting & Public Policy, 32: 89-125.

WEI Z, XIE F, ZHANG S, 2005. Ownership structure and firm value in China's privatized firms: 1991-2001 [J]. Journal of Financial & Quantitative Analysis, 40: 87-108.

XUE Y, 2007. Make or buy new technology: the role of ceo compensation contract in a firm's route to innovation [J]. Review of

Accounting Studies, 12: 659 –690.

YUAN R, WEN W, 2018. Managerial foreign experience and corporate innovation [J]. Journal of Corporate Finance, 48: 752 –770.

